だいわ文庫

人のために頑張りすぎて疲れた時に読む本

根本裕幸

JN096629

大和書房

はじめに

「仕事が忙しくても人から頼られたら断れない」
「誰もやりたがらないことでも、自分で穴埋めすればいい」
「家族のためを思って、早起きして家事をこなそう」

なんと素晴らしい心がけでしょう。

とてもやさしくて、気配りができる人にしかできないことです。
こんな人はきっと、周りからも大事にされていることでしょう。

……ところが、このような、誰よりも早く人の気持ちやギクシャクした空気を察してしまう**「お察し力」の高い人の心は、とても疲れています。**

「人の仕事を手伝ってばかりで、どんどん自分の仕事が溜まっていく」
「自分ばかりいつも損な役が回ってくる気がする」

「家族から、一度だって感謝されたことがないような……」

この本を手に取ってくださったあなたも、一度はこうした思いを抱いたことがあるはず。あなたもまた、「お察し力」の高い可能性が大いにあります。

「お察し力」の高い人は、察する・気づくだけでなく、その場の空気をうまくまとめるために行動もできます。さらに、口出しをして事態がこじれると思えば、言いたいことがあってもそれを胸の内に収めておけます。

相手の行動を先読みしてサポートできるので、周囲の人は常に心地よくいられます。

こうした「お察し上手」な人たちは、おそらくこれまで周囲のためにしてきた「下支え」を、声を大にして主張もせずに毎日を過ごしてきたことでしょう。

しかし、実は「お察し力」の高さが、あなた自身が苦しめることにもなっているのです。

ここで、ある女性のケースをご紹介しましょう。

私のクライアントに勤務先で専務の秘書を務めていた、ある女性がいました。担当の専務は頭の回転が早いアイデアマンでしたが、スケジュール管理や書類の整理がとても苦手な人でした。

「お察し上手」な彼女は、そうした専務のために、少し早めに次の予定を伝えたり、散らかった専務の書類に優先順位をつけて整理したりしていました。

彼女の働きのおかげで専務が困ることもなく仕事は順調でしたが、一方で、彼はそれを自分のマネジメント能力だと勘違いしてしまいました。

ある時、専務が社長からの重要書類を失くしてしまいました。彼女はまったく関係なかったにもかかわらず専務は、

「お前が勝手に俺のデスクを整理したりするからだ。俺はちゃんと自分でどこに何を置いたかわかっていたんだ！」

と彼女に責任を押し付けたまま、海外出張へ。その海外出張も専務が取引先の社長との会食が長引かせたため、危うく予約の飛行機に乗り遅れかけました。それもまた、彼女の責任にされてしまいそうになりました。

結局、重要な書類は専務の自宅で見つかりましたし、取引先の社長からも会食

が長引いた件で謝罪があり、彼女の責任ではないことはっきりしました。ただ、専務から彼女に謝罪はなく、彼女のモチベーションは大きく下がってしまいました。

このエピソードを読んで、**「たしかに謝られないのは嫌だけど、他の鈍い人に任せてもダメだから、自分が大変なのは仕方ないかな……」とあきらめてしまっていませんか？**

もしそうなら、**実にもったいないことです。**

周りに気を遣うことと、そのせいで疲れてしまうのは、決してセットではありません。**高い「お察し力」を生かしながら、疲れない方法はたくさんあるのです。**

私は、心理カウンセラーとして20年以上、のべ2万人の人と向き合ってきました。

個人セッションやセミナーにいらっしゃる方たちには、この本を手に取ってくださったあなたと同じように、「お察し上手」ゆえに悩まれていた方も大勢いました。

ですが、彼らの多くは、自分の心のクセと向き合い、そして、人生の新しいステップを明るく歩まれています。

本書では、私が「お察し上手」な人たちと向き合って得られたものを、余すことなくまとめました。

「お察し上手」な人たちが、疲れてしまう理由。

私のもとへ訪れた数々のクライアントさんのケース。

そして、「お察し上手」でありながら疲れを溜め込まないためのワーク。

それらをヒントに、**「お察し上手」というあなたの素晴らしい長所を生かしながら、毎日を楽しく過ごすコツをつかんでほしいのです。**

どうか本書が、みなさんのつらく、しんどい状況を変える新しいステップになることを願っています。

根本裕幸

人のためにがんばりすぎて疲れた時に読む本　目次

第2章 「他人第一」をやめて、自分をすり減らさない

第3章 人のために頑張りすぎない「自分軸」構築ワーク

第4章

自分の気持ちを優先できる伝え方

第5章

「いま、とっても幸せ!」と気づく

第1章

「私ばっかり損してる！」のは、「お察し力」のせい

「察しすぎ」が人間関係を困らせる

「まるで30手先を読むプロの棋士《きし》みたいだね」

私は、「お察し上手」のせいで困っている人の悩みに対して、こうお話しすることがあります。

「お察し上手」の人は、人間関係を先読みして、順序よく考えていくクセがついています。

「自分がこうしたら、相手はこう言うだろう。だから、次はこういう風にして、相手もこうするから、それで自分はこうする」……みたいに相手の言動を将棋の対局のようにずっと先の手まで読んでいるのです。

将棋の世界では一手ずつ順番に指《さ》しますし、駒の種類も盤の大きさも決められています。プロの対局ともなれば一手に長い時間をかけることはザラで、その間も相手はきちんと待ってくれています。

しかし、**人間関係にはルールはあってないようなもの。**相手はあなたの行動を待ってくれるわけでもないですし、相手の気持ちや行動を先読みしたところで、「答え」はありません。

考えれば考えるほど様々な手が浮かび、それに比例して予想される相手の行動も増えていきます。

つまり、相手のことを考えて気持ちや行動を先読みするほど、さらに相手のことを考える羽目になってしまいます。

そうすると、自分の行動を正しく評価されないどころか、最後は**「考えすぎて、何も手につかない……」**というがんじがらめの状態になってしまうのです。

相手は、あなたがそこまで自分のことを考えてくれているとは思いもしません。

そうすると、**あなたが使った時間とエネルギーは空回りしてしまい、「はっきりしない奴だな。何考えてるのかわからないんだよ！」と相手を怒らせてしまうケースさえ出てくる**のです。

人間関係には**「バランスの法則」**というものがあります。

「ワンマン社長の元にはイエスマンしか残らない」

「ヒステリックな女性の夫は大人しい」

という具合に、人間関係は不思議なほどプラス・マイナスのバランスを保つようにできています。

あなたが「お察し上手」だとすると、「バランスの法則」によって、あなたの近くには無神経な人が集まりやすくなるものです。

「仕事でこんなに頑張ってるのに、何で評価してもらえないの？」

「家族のことをあれこれ察して動いているのに、どうしてみんな気付かないの？」

と思われる原因の多くはこれです。

「バランスの法則」から考えると、あなたが一生懸命、気を遣おうとしている相手は、あなたほど「お察し上手」でもなければ、細やかな性格でもない、ということです。

それならば「もし、自分が言われたらきっと傷つくであろう」と思われる言葉でも、意外に相手はすんなりと受け入れる可能性が高いのです。

すなわち「こういう言い方をしたら嫌な気分にさせるんじゃないか？」などという配慮は、実は不要なケースが多いのです。

「お察し上手」が陥る幻想①

「いつかわかってもらえる」

「この書類、わかりやすいように整理しておきました」

「お父さんが元気に会社に行けるように、毎朝早起きしてご飯をつくってるの」

「お察し上手」の人たちは、こうした言葉のアピールはとても苦手です。

そんな発言をしたら相手がどう思うか・感じるかを考えてしまうし、それを聞いた周りの人たちが恐縮したり、嫌な気分になるんじゃないかと察してしまうからです。

たとえば、私のクライアントさんに、いつもご主人のことをあれこれ考えて行動している奥さんがいます。

彼女はいつも「いつかわかってもらえる日がくると思うから」とおっしゃっていました。

その控えめな思いはとても素敵ですね。

しかし、私は「自分の口で言わなきゃ、ご主人には決して伝わらないんです」と彼女の思いを砕くようなことを伝えます。

なぜなら、陰であれこれと配慮した思いが相手に伝わる可能性は、想像よりもずっと少ないものです。無神経な人は言わずもがな、ふつうの人たちでもなかなかあなたの働きに気付くことは難しいのです。

多くの人は、「まさか自分のためにそこまでしてくれているはずはない」と思っています。

別のクライアントの、ある社長さんからこんな話を聞きました。

夏休みに奥さんが子どもを連れて実家に帰ってしまったときのこと。社長さんは当時とても多忙で、単なる夏休みの帰省だろうとタカをくっていました。

しかし、あるとき、取引先の社長から「奥さんとうまくいってないのか？」と思いもよらない一言を言われました。

「え？　どうしてですか？　うちは何も問題ありませんが……」

と彼が答えたとき、取引先の社長は「靴、靴」と、彼の靴を指差しました。

「細かいことが苦手な君の、ピカピカの靴やアイロンがけでピシッとなったシャツを見て、君を支えてる奥さんはすごいなあ、と内心いつも思っていたんだよ。でも、今日の靴はお世辞にも綺麗とは言えない。だから、奥さんとの間に何かあったのかと思ったんだよ」

彼はその一言に頭をハンマーで殴られたような衝撃を受けました。**結婚して15年、彼は一度もそのことに気付いていなかったからです。**

思い返してみれば、彼が帰宅するタイミングで必ず温かい食事ができているし、お風呂から上がればきちんと寝間着が用意されている。仕事中心で子育てにはほとんど関わっていないけれど、子どもたちもちゃんと自分を尊敬してくれている。そうした当たり前の日常がすべて奥さんの配慮によるものと気付いたのです。

彼はすぐさまその場から帰り、奥さんの実家に飛んで行って今までの非礼を詫びました。奥さんは**「わかってくれたならそれでいいの」**とぽつりと言って、家に戻ってくれたといいます。

彼の奥さんのように、確かに「いつかは気付いてもらえる」こともあると思いますが、このケースでは**なんと15年ほどかかりました。**彼の奥さんがどんな思いで靴を磨いたり、ご飯をつくったりしていたのか。黙って実家に帰ってしまうくらいですから、よほど我慢されたのだろうと思います。

相手の気持ちや行動を先読みし、陰でこっそり気遣いができる「お察し上手」の人たちは、相手のためを思って行動したことをアピールしないといけません。**職場にはあなたと同じように「お察し上手」がいて、あなたの言動をちゃんと見てくれている場合もありますが、そのすべてを見ることは不可能です。**その人も、あなた以外の人への気遣いで忙しいかもしれません。

「自分がどのように思って、どのように行動したのか？」を、周りに具体的な言葉で伝えていく方法を身につける必要があります。

口頭でもいいですし、手紙でも構いません。もし、相手に気付いてほしい、わかってほしいと思うのならば、待つのではなく、コミュニケーションをとることがとても大事だと思うのです。

この方法については第4章で詳しくご説明したいと思います。

「お察し上手」が陥る幻想②

「自分が我慢すれば丸く収まる」

「お察し上手」な人の中には、「自分さえ我慢すれば丸く収まる」という思いに縛られている人も珍しくありません。

「周りの雰囲気が良くなること」
「人に不快感を与えないこと」
「自分の気持ちよりもスムーズに物事が進むこと」

特にこうしたことを優先させたい「平和主義」的な人によく見られる傾向です。

揉めごとになるくらいならば自分が我慢をするほうがいいと思ってしまうのです。

これは子どものころからクセのようになってしまっている人も少なくありません。

「相手にひどい態度を取られても、何も言えず口ごもってしまう」
「配慮に気付いてもらえず、仕方ないな、と諦めてしまう」

「お察し上手」な人ほど、その場の空気を読み、そして、その場を平和に収めるためにエネルギーを使います。

しかし、**これは「犠牲」といって自分の心を抑え込んでしまう行為**になるのです。

この「犠牲」をし続ける限り、あなたはずっと無神経な人に振り回されてしまうのです。

私たちは無意識のうちに「相手も自分と同じ」と思い込んでいることがあります。

これを**「投影の法則」**といいます。

「私が相手の気持ちをよく察するように、相手もきっと私の気持ちを察してくれるだろう」と思ってしまうのです。

もちろん、頭で考えれば「人はみんな違うんだから」「相手に同じことを求めるのは間違い」とわかります。

ですが、心の動きは「自分とは違う」と頭で理解する前に相手に自分と同じ行動を求めてしまうのです。

そうした思いが、「犠牲」をし続けることで、時として、

「あなたの気持ちをこれだけ察しているのだから、あなたも私の気持ちを察してほしい」

という「期待」に変わるのです。後で触れますが、「期待は必ず裏切られる」という法則がありますから、相手はあなたの気持ちを全然察してくれずにがっかりする目にあうのです。

また、**無意識に「相手が自分と同じ察する能力を持っている」と考えてしまいます。**

相手が自分の気持ちを察してくれないとき、「私のこと嫌いだから?」「怒ってる?」などの判断をしてしまい、また勝手に悩みを増やしてしまうのです。

「お察し上手」が陥る幻想③

「これだけ頑張れば、喜んでもらえる」

人が心の中で抱いた期待は、簡単に裏切られるという法則があります。

「これだけの配慮をしたんだ。相手は私をちゃんと評価してくれるはず」
「相手の気持ちに寄り添う提案をしたんだから、相手は喜ぶに違いない」
「きっと相手はこう考えるから、こういう風にしておけば問題は起こらないだろう」

「〜のはず」「〜してくれるに違いない」「〜してくれるだろう」という気持ちの裏には「期待」が隠されています。

この期待は、相手に対する都合の良い解釈に基づいていることが多いため、自分の思った通りに相手が動くことがなく、結果として裏切られてしまいます。

すなわち、

「これだけの配慮をしたのに、評価してくれなかった」
「相手の気持ちに寄り添う提案をしたのに、喜んでくれなかった」
「こうしておけば大丈夫と思っていたのに、問題が起きてしまった」

という現象が起こるわけです。

「お察し上手」の人は、無意識のうちに相手の意図を汲み取り、そして、それに対処すべく行動しています。

しかし、**時として、読みが外れてショックを受けることもあります。**

これも、相手に何かを期待していた証拠だといえるのです。

そもそも日本人は他人を評価したり、認めたり、褒めたりすることが苦手です。

私のもとを訪れるクライアントさんにも、まったく親から褒められたことがない、という人は珍しくありません。

「認められたい、褒められたい」という思いは「承認欲求」といいます。

自分の行動や考えを、誰かから認められたがる自然な欲求です。

褒められた経験が少ない人はその分だけ、他人からの承認を求める気持ちが強くなる傾向にあります。


「お察し上手」の人も、はじめは「相手のために」という思いから行動していたものの、だんだん「気付いてほしい、認めてほしい、褒めてほしい」という欲求が強まるようになります。


ただし、相手の気持ちを先読みしてしまうせいで、自分から「認めてほしい」と伝えることに強い抵抗を覚えてしまいます。

「こんなこと言われたら嫌だろうな」と想像して、気付いてほしいと言えません。

自分が相手の気持ちを察しているように、相手にも自分の気持ちを察してほしいと「期待」するようになるのです。

そして、先ほどお話ししたように「期待は必ず裏切られる」ので、承認欲求は満たされないままになります。

そうすると、**「こんな能力いらない！　察する力なんてなければよかったの**

に！」と思うようになるのです。

こうしたことに悩んでしまわないために、お伝えしていることは、期待とは「手放す」ものだ、ということです。

相手は自分と同じ能力を持っているわけではありませんし、自分と同じことはできません。

相手はあなたのような繊細さ、敏感さを持ち合わせてはいないので、あなたの配慮を気にもかけずに無下《むげ》にすることもあるでしょう。

まず相手は理解しないという「現実」を受け止めて、こうしたことのショックを和らげ、期待することを手放しましょう。

この期待がある背景には「他人軸」になってしまう性格や、自己肯定感の低さが影響しているのですが、それは後ほどくわしくお話ししましょう。

どんどん自信がなくなり、しんどくなるばかり

相手の気持ちや状況を先読みして行動しているのに全然報われなくて、むしろ逆の結果になっていることはありませんか？

そうした報われないことが続くと、「お察し上手」な人ほど、「あれ？　自分が何かまずかったのかな？」と自分を責めることとなり、「自己肯定感」がどんどん下がってしまいます。

自己肯定感とは、今の自分をありのまま認めることです。

「いまの自分に自信を持つこと」と言ってもいいかもしれません。

自己肯定感が下がると自分の言動に自信が持てなくなり、失敗するのが怖くなっていっそう慎重になります。すると、ますます相手の気持ちにアンテナを張ることばかりにエネルギーを使うようになってしまいます。

ところが相手は、そうしたあなたの気持ちに気付くことなく、あなたから見れ

ば自分勝手な振る舞いを続けます。
そうすると、相手に対する苦手意識や嫌悪感が強くなり、関係が悪化していく……。
こんな悪循環にはまってしまうことが実に多いのです。

こうした残念なすれ違いは、やるせなさ、むなしさ、悔しさ、無意味感、怒りなど様々なネガティブ感情を生み、**「よかれと思ってやっている」のに、報われない現状をつくり出します。**

頑張っているのに失敗ばかりして、「あなたは何も悪くない」と言われても納得できないものですよね。

しかも、「お察し上手」な人は、相手に文句を言ったり、苦言を呈したりするにも「もし口を挟んだらどうなるか？」を真っ先に考えてしまいます。

言いたい気持ちを我慢して抱え込みやすくなり、知らず知らずのうちにストレスを溜め込んでしまうのです。

先ほどお話しした「投影の法則」は、気持ちの同調だけでなく、能力についての同調にも発動します。

つまり、**「自分ができるんだから、他の人だってできるはず」と思い込んでしまうのです。**

そこでキーポイントになるのが**自己肯定感**です。

自己肯定感が低いと、さらに自分の価値を低く見積もり、「自分みたいな人間にもできるんだから、他の人はもっと上手にできる」という、自分を卑下《ひげ》した思い込みをしてしまいます。

通常、自己肯定感が低いと、こうした自己卑下の働きが強くなります。

しかも、「お察し上手」の人は自己肯定感が低い状態で、さらに「投影の法則」が働いてしまうと、

「私の気持ちを察することができるのにそうしてくれないのは、私のことを嫌ってバカにしているせいだ」

と勝手に不要な誤解をしてしまうのです。

あなたの「お察し力」はとても素晴らしいものです。

人と比較するまでもなく、あなたの長所であり、価値です。

それを自分で卑下せずに、しっかりと受け取っていないと、他人に期待しすぎて、誤解を抱えることになります。

最後には、期待が裏切られて、どんどんつらい思いが重なります。

これではせっかくの長所が生かされないばかりか、むしろ短所となって働いてしまうことが多くなるでしょう。

自分の「お察し力」がどれくらい価値のあるものかを知っておくことで、他人への期待はだいぶ薄れます。

「私は人一倍、人の気持ちを察するという能力を持っている」

こうした自覚を、まずはしっかり持つことが大事なのです。


次の項目からは、ここまでお話しした法則で、実際に悩まれていたり、つらい目にあってしまったりした人たちのエピソードをご紹介します。

もしかしたら、あなたにとてもそっくりな人がいるかもしれません。

人のために頑張りすぎて……①

丸投げの仕事を一人で取り組んでも理解されない

YRさんはこんな体験をされています。

「特殊な場所での仕事をほぼ丸投げされ、期待に応えるために頑張りました。でも、仕事の難しさや忙しい状況をその場で上司に言えずに抱え込んでしまったため、一人で頑張る羽目になりました。

結果、自分の状況をわかってもらえず、他部署の協力なしには進まない事案が発生しても、すぐには理解や協力が得られにくい状況になってしまいました」

丸投げされた仕事を一人で頑張ってやっているのにそれが周りに理解されなくて、ますます一人でやるしかなくなってしまうなんて、本当につらいですよね。

きっとYRさんは仕事ができる人で、周りからすれば、その難しい仕事をすいすいとこなしているように見えるはず。だから、「もっとできるかな？」と思われて、ますます難しい仕事を任されていっぱいいっぱいになってしまうのです。

もし、みなさんが「できる人」として周りから認識されているならば、YRさんと同様の経験をされたことがあるはずです。**できる人に対して周りの人は頼ったり、甘えたりすることはあれど、心配したり、手伝おうとしたりはしません。**

「手を貸してもかえって迷惑になるだろう」と勝手に判断してしまうんですね。

YRさんも難しい仕事をしているのに上司にそれを報告していませんでした。

YRさんは、「自分一人でやらなければ」と思っていたのでしょうか？

それとも「上司も忙しいから余計な情報は伝えないほうがいいだろう」と思ったのでしょうか？

けれども、それを続けるとその難しい仕事のことがわかる人がYRさんしかいなくなり、困難な場面に遭遇しても助けを求めにくくなってしまうんですよね。

自分ができる人ということを、ちゃんと受け取れていますか？

周りからそういう風に見られていることに気付いていますか？

人のために頑張りすぎて……②

進んで苦手なことをやったのに報われない

やさしさや配慮ができ、責任感も強いという長所が裏目に出てしまったMYさん。

「新しい社内システムが導入されることになり、各部署から一人ずつ代表者が説明を受けることになった。私はパソコンが苦手なのですが、周りは小さいお子さんを持つ人ばかりなので、**私が引き受けなくちゃいけない気がして……**。ちょうどそんなときに、リーダーから『行く？』と聞かれて、引き受けてしまいました。説明会では、なぜか私のパソコンだけが動かなくなり、説明も理解できずじまい。部署に戻ったらそのことで上司からブツブツ文句を言われました。気を遣って、苦手なことをやらなきゃよかったです」

場の空気を読み、周りの人たちは大変だろうからと気を遣い、苦手なことだけど勇気を出して手を挙げたにもかかわらず……という何だかむなしくなってしまうお話ですね。

よかれと思って行動したのに、それが報われないばかりか、文句を言われるわけですからやってられません。

ですが、MYさんはそうした配慮を誰にも言ってないのではないかと思います。

つまり、私に打ち明けてくださったような心境を誰にも話しておらず、周りからはリーダーから「行く？」と聞かれて「はい」と答えた状況だけが印象に残っています。

もし、MYさんが「みなさん、子どものお迎えもあるし、大変ですよね？ 私、パソコンがとっても苦手なんですけど、頑張ってきます！」と宣言していたとしたら、状況はどう変わっていたと思いますか？

それをわざわざ口にしない奥ゆかしさもMYさんの魅力なのですが、案外、人は相手の思いにまで配慮することはできません。

だから、その思いを伝えてみることが生きやすくなるコツです。

人のために頑張りすぎて……③

力不足でもトラブル対応！けれど、上司から冷たい一言

察してもらえないむなしい出来事は、トラブルが起きたときに特に多いものです。これはＫＫさんの体験です。

「自分の仕事は関係者が多い上に、複雑で前例のない案件を担当していました。そんな中、さらにトラブルが……。わからないことだらけでしたし、一部は自分のミスでしたから、何とか頑張って関係者の間を取り持ったり、調べたりして、誠心誠意対応していました。思い切って上司に相談したのですが『俺にこんなこと言われても困る、対処してくれ』と冷たく突き放されてしまい……」

自分のミスも絡んでいると、責任感が強い人はなおさら「自分がなんとかしなければ」と思っていつも以上に頑張ってしまうものですね。

しかも、その責任感は罪悪感につながってしまい、どんどん一人で背負い込むことになりますね。

おそらくトラブルが起こる前から、KKさんは一人で頑張ってあれこれ対処していたのでしょう。それはどうしてでしょうか？

迷惑をかけてはいけないと思っていたから？

これくらい自分ひとりでやらねばと思っていたから？

「周りも大変なのだから自分ひとりが弱音を吐くのは良くない」と思っていたから？

そうするとトラブルが起きたときに、**上司や周りの人たちは「KKさんなら何とかするだろう」という期待を持ってしまうのです。**

だから、本当はいっぱいいっぱいになる前、あるいは、トラブルが起きる前に、その仕事の複雑さ、大変さを上司に理解してもらう必要がありました。

こうした人のために、私はトラブルが起きたとき、恥ずかしさや罪悪感はあれど、できるだけ周りにオープンにすることを提案しています。それは仕事の問題はもちろんですが、家庭や夫婦の問題についても同じです。

人のために頑張りすぎて……④

体調不良でも休まなかったら、いつのまにか休みが取れなくなった

「周りに迷惑をかけてはいけない」という思いが強くなりすぎると、どんどん自分を追い込んでしまうことも増えます。そんな頑張り屋のONさんの事例です。「迷惑をかける、と思って本当に体調が悪い時にしか有給休暇をとりません。母の『多少具合が悪くても首にタオル巻いてでも働け。でないと自分の居場所もなくなる。人に何も頼まれなくなってはおしまいだ』という言葉に従い、年に2日ほどしかお休みをとりませんでした。

結果、直属の上司も有給休暇をとろうとすると、理由をきいてきて『午後から出勤できるんじゃないか？』と私が休むのを牽制《けんせい》するようになりました」

休むと周りに迷惑がかかるから、と無理して仕事にいく人も珍しくありません。

しかし、それが続くと「あいつは休まなくても大丈夫な奴だ」と認識されるようになってしまいます。

そして「休まなくても大丈夫な人員」として認識されてしまうと、せっかくの有給休暇すら自由に取りにくい空気ができてしまいますね。

上司や周りの人は、ONさんがそこまで頑張っていることに気付けないのかもしれません。結果的にしんどいものを一人で背負い込んでしまいます。

また、ONさんはお母さんの教えに従っていたわけですが、それはONさんの価値観に合っているものでしょうか？

私たちは無意識に親の価値観を刷り込まれて育っているのですが、今の時代に合わなかったり、そもそも自分に合ってなかったりすることもあるのです。自分に合わない価値観に従うと必要のない苦労をしてしまうものですよね。

みなさんも自分が親やかつての上司から言われた言葉に無意識に縛られていないでしょうか？　もし、**自分に合わない価値観に従っているのなら、すぐに手放すといいでしょう。**それだけでも仕事に対する意識が楽になって解放されます。

人のためにに頑張りすぎて……⑤

どんなに頑張っても、**他の人**が**評価**される

家族や会社の風土によって自分の状況を察してもらえないケースもあります。

ここでは、お二人の事例を紹介したいと思います。

まずはＩＳさん。

「家族の中でも、姉のほうが、シングルマザーでありながらもしっかりした職業についているため、『姉は大変だ』と見られている。**私は私で家業の手伝いを頑張っているのにそれは評価されず、姉や母のしわ寄せがくる。**

しかも、私は何もしていない、楽をしているように見えるようで、家族がイライラしてると、よく当たられる」

人の価値観は様々ですが、家業を手伝っている人と、企業に勤めている人では、

後者のほうが「大変だ」という認識を持たれやすいのかもしれません。

家業を頑張って手伝っていても「何もしていない」と見られるなんて、本当に理不尽ですよね。

一般的に人は外側を見て状況を判断します。時間的拘束があったり、その職業に対するイメージであったり……。

その点、家業というのは家族からしてみれば知っていることであり、経験もあることなので軽んじられてしまうものです。

つまり、**自分の仕事の価値を低く見積もっているので、外で職業についてるお姉ちゃんのほうが偉いし大変だ、という意識になりやすいのです。**

ISさんは自己アピールが苦手なタイプでしょうか?

家族で仕事をする場合は、何となくなあなあになってしまうものも多いのですが、「仕事は仕事、家は家」と線引きして、きちんと言うべきことは言いたいですね。

それを言わないのもISさんのやさしさですけれど、やっぱりそれでは周りにその思いを察してもらえず、報われないですよね。

「勇気を出して言えるような自分になる」という目標を掲げてみてもいいでしょう。

また、YKさん（女性）は男尊女卑がまかり通っている会社での体験を教えてくれました。

「5年間職場を良くしようとどんなに提案しても通らなかったのに、そのアイデアを課長（男性）が自分の意見として社長に提案したら社長はあっさりと通したのです。過去の経緯や他人の努力を思いやれずに手柄を取った風にしていた課長にも、男尊女卑で気分屋の社長にもマジギレして退職を決めました」

このケースでは、退職を決めて良かったと思います。

会社の方針や風土と自分の価値観が合わないケースは珍しくありません。

それにもかかわらず、合わない環境に身を置き続ける、という〝自分いじめ〟を私たちはよくやってしまいます。

そういうときに「自分を愛する」「大切にする」という意識をきちんと自分に根付かせることができたならば、この状況から飛び出すことが可能になります。

「この会社を辞めたら次はない」

「私のような人を雇ってくれる会社などあまりない」

などと自己否定的な見方をしていると、その苦しい環境でも我慢しなければいけません。

YKさんは5年間頑張って会社を良くしようとしてきたけれど、全然報われずに悔しい思いをしています。

あくまで結果論ですが、それが、その課長のお陰でこの自分に合わない会社を辞めることができた、と思えたら、ゆくゆくはその課長への感謝に転換できるでしょう。

人のために頑張りすぎて……⑥

よかれと思ってやったことで、逆に迷惑をかけ……

今度はかなり切ないAYさんの体験です。

「トラブルが連発して忙しそうにしているA先輩がいました。お客様へ説明する書類が残っていたので、私が代わりに引き受けたところ、お客様に間違った説明をしてしまいました。結局A先輩がお客様へ改めて説明してくれて事なきを得ました。

しかし、その件で上司はA先輩を怒ったものの、A先輩は私をかばってくれました。それに対しても罪悪感があります。頑張らなきゃいけないのに私が頑張ると迷惑をかけてしまう……と思うと、仕事へのモチベーションも急降下してしまい、また他のミスにつながるという悪循環に陥ってしまいました」

こういうケースもみなさん、体験されたことありませんか。報われないばかりか、周りに迷惑をかけることになり、申し訳なさと自己嫌悪に襲われますよね。結果で評価される点は仕事なのでしかたないですが、AYさんに悪気はなかったわけです。**むしろA先輩を助けるためでしたから、本当は何も悪くないのです。**

よくスポーツでも内容はすごく良かったのだけど、結果的に敗北してしまうケースがあります。同じことを、AYさんのケースに当てはめてもいいでしょう。**よかれと思って頑張ったことに意味があり、〝今回は〟結果が振るわなかった……。**そんな風に解釈していいのです。**〝今回は〟**というところがポイントで、そうした心がけを続けていけば、だんだんA先輩の役に立てる場面も出てくるのです。

私たちはよく今起きた出来事で未来を決めようとしてしまいます。**「今回失敗したから、次も失敗するだろう」「今回頑張って結果が出なかったんだから、次もダメだろう」と思いがちですが、そんなことは決してありません。**

AYさんも今回の件で学んだことがありますよね。きっと次回はもっとうまくできるでしょうし、それがA先輩を助けることにもつながります。

人のために頑張りすぎて……⑦

人を傷つけたくなくて、気づかぬふりをしたはずが

「お察し上手」な人は、相手に気を遣わせないように、あえて相手の気持ちを察していないように振る舞うこともあるのです。HTさんの体験です。

「プライドを傷つけるかもと思い、仕事のできない先輩をあえてフォローしていなかったら、誰かから上司にチクられて『先輩の気持ちに配慮するように』と説教されました。それに従ってみたものの、逆に気の遣いすぎからすれ違いが生じて、先輩の怒りに油を注ぐことになってしまったんです。

『面倒になると先読みして察しないでいたんだから、それを察してよ！』と上司に思ったし、先輩には『気持ちを読まなかったワケを察してよ！』と思いました」

「その先輩とは相性が良くないんだよね」という一言で済ませられたらいいので

すが、仕事で付き合っていかなければならない以上、なかなか割り切れないかもしれません。なんだかやりきれない気持ちでいっぱいになりますよね。

仕事がよくできる人や感受性がとても豊かな人たちは、人の気持ちがわかりすぎてしまうため、少なからず似たような経験があるんじゃないでしょうか？

私がお伝えしたいことは「あなたの素晴らしさをもっと認めてあげて！」ということ。自分の感受性や察知能力をもっともっと価値のあるものとして承認してあげてほしいんです。

すると、同じ目にあっても「仕方がないよね」と受け入れやすくなり、自分の感受性や器用さを使ってうまく仕事を回す方法に意識を向けることができます。

つまり、**前向きな意味で、周りの人に合わせてあげることができるのです。**

転職など自分が輝ける環境に飛び込んでもいいのですが、なかなか自分にピッタリ合う環境に出会えないケースもありますから、「私はちょっと優秀すぎるんだよね〜」くらいの自己認識を持っていてもいいのではないでしょうか。

そうすると、周りの人に期待をすることもなくなっていくので、先輩にも上司にももっと楽に接することができるようになります。

人のために頑張りすぎて……⑧

家族を喜ばせたくて先回りしたら

もちろん、こういう話は家庭の中にもゴロゴロしていると思います。ONさん（男性）の体験です。

「夫婦関係を何とか良くしようと奔走していたとき、妻が使っていたシャンプーがなくなりそうになっていました。調べてみると百貨店で売っているシャンプーらしいので、忙しい中、買いにいきました。

そして、シャンプーが切れそうなころを見計らって、そっと補充しておいたら、翌朝、『何でシャンプー買ってきたの？』と超不機嫌な妻。『あれはいただきもので、あまり好きな香りじゃなかったから、替えようと思っていたのに。また使うなんて、ほんとイヤ』と取り合ってくれません。

高いお金と時間を使って、わざわざ嫌われることをしていたなんて……」

「それならそうと言ってくれたらよかったのに……」とONさんも、奥さんもきっと思ってらっしゃるでしょう。コミュニケーション不足と言えばそれまでなのですが、夫婦関係を再構築している最中だったため、そういう話もしにくかったのでしょう。

「相手を喜ばせようと思って」したことが、裏目に出てしまったら、申し訳ないし、悔しいし、何とも言えない気持ちになるものです。

「喜ぶかなと思って買ってきたケーキが、彼の嫌いなものだった」

「友だちの誕生日をサプライズで祝ってあげようとしたら、そういうのが嫌いだったようで怒って帰ってしまった」

やはりむなしくなってしまいますが、**自分を否定しないことがポイントです。**

奥さんや彼、友だちを喜ばせようとしたことに何も間違いはありません。ただ、〝今回の〟やり方が間違っていただけ、と捉えることがおすすめです。

続いてはNYさんの体験です。家庭の奥様はこんな経験ありませんか？

「新婚のころのことです。共働きで私の社宅に住み、私のほうが給料が多かった。

なのに、夫は家事の一切を私任せ。夫は朝ご飯ができたころ起きてきて、食べるだけ。夜も夕食のころにのんびり帰宅。私は片付けして、洗濯して、仕事の準備もして……という毎日。『無理するなよ～』と、悪気なく言う夫ですが、ある日一大決心して、洗濯を夫に担ってもらいたいと思い、話しました。

しかし、『私の仕事が忙しいと、洗濯物が溜まるでしょ。靴下とかなくなるじゃない……』との訴えに、夫に『わかった！　じゃあ靴下買ってくる』と返されてしまい、思わず絶句。洗濯を担当してほしいとさえ言えませんでした。

それから、**何もお願いできないと思って、孤軍奮闘するようになってしまった**」

そういう旦那さんなのでしょうが、この奥さんはずいぶんと〝自立力〟を鍛えられましたね。

人の気持ちがわかりすぎる女性の旦那さんは、不思議と人の気持ちが理解できない人であることが少なくありません。そもそも家のことに関しては、奥さんに頼りっきりで全然わからない旦那さんも多いものです。

そこで勇気を出して頼んだとしても、NYさんのように空振りしてしまうことも。そして、「旦那には何を言ってもダメだ」と諦めてますます自立してしまいます。

そういう旦那さんの場合、奥さんの苦労をそもそも知らないだけ、ということが多いのです。**「見ればわかるじゃない？」と思うものですが、見てないいんですよね。**だから、自分がどれだけ頑張ってるのかをきちんと伝えることが大切なのです。

でも、そのとき、「仕事もして、家のこともして、どれだけ私が大変かわかってる？」という言い方をしてしまうと、相手は責められていると感じてケンカになります。

「今日、仕事が大変だったのに、家に帰ってご飯までつくった私って偉いでしょう？　褒めて！　褒めて！」などの言い方に変えてみましょう。

認めてもらう、褒めてもらうだけで気分が軽くなりませんか？

そうして、自分の気持ちを伝えながら、家事の分担をお願いするわけですが、そこは「洗濯を担当してほしい」と言うだけでは実際はうまくいきません。

これはテクニックの一つなのですが、男性はマニュアルがないと動きにくいものです。そこで、Tシャツは裏返しにする、とか、これはネットに入れる、とか、洗剤はこれをどれだけ使う、とか、柔軟剤はここにこれだけ入れる、といった「作業指示書」のようなものを作成して渡してあげると、その通りに業務を遂行してくれるようになります。

少し面倒な作業のように感じますが、一度つくってしまえばあとはロボットみたいにしてくれることが多いので、奥様方はちょっと頑張ってみましょう。

またFRさんは、疲れている母の手伝いをしたのにやり方を間違えて、それ以来、頼られなくなる、という体験をしていました。

「母が疲れている様子だったので、『楽になるといいな。仕事を減らして、その分休んでもらおう!』と**家事を手伝うと、その仕上がりが母のルールややり方とは違っていたため、ダメ出しをくらってしまいます。**

そんなことがあった後、また別の何かを手伝おうと『これやっておこうか?』と母に尋ねると、『いいよ、自分でやるから』と言われるんです。

私にやらせてもできないから意味がない、戦力外と思われているのかと思って、落ち込むし、腹が立つし、悲しい……」

ＡＹさんの家族バージョンとでもいいましょうか、よかれと思って言い出したことなのに、「自分でやるから」と切ないことを言われてしまったパターンです。罪悪感も刺激されるし、役立たずな気がして自分を責めるし、むなしくも悲しくもなってしまいますが、改めてここで「よかれと思ってやったこと」と思い、自分を責めないことがポイントです。

ちょっと見方を変えると、**お母さんは「人の好意を受け取れない人」なのかもしれません。**だから、ついつい「いいよ、いいよ」と言ってしまうのでしょう。

もし、お母さんがＦＲさんの好意を受け取れたなら「次はこうしてね」「今度はこういう風にしてね」と言ってくれるはず。

お手伝いそのものを拒否するということは、そうした娘からの愛情を素直に受け取れない性格が原因かもしれないのです。

逆にいえば、ＦＲさんには、**まずは「楽にしてあげたい」という気持ちをもっ**

と伝えることをおすすめします。

受け取れない相手には何度も何度も何度も何度も伝えるのが〝マナー〟です。

だから、こういうケースでは、お母さんに「どうしたらいい？」と聞きながら、「お手伝いしたい」「お母さんを楽にしたい」と伝え続けることがポイントです。

人のために頑張りすぎて……⑨

相手の疲れをいたわろうと出た言葉が裏目に

「納期前で彼が多忙だったので、週末は疲れているかなと思って『今週は無理に会わなくてもいいよ』ってラインで伝えたら、既読スルーになってしまって……。比較的マメに返事をくれる彼なのでどうしたのかな？　と思って聞いてみたら『なんでもない。忙しいから』と不機嫌そうな返事。**私、何かいけないことをしたのかな、と思ってすごく不安になってしまったんです**」

そんな話をしてくれたSKさんは、彼の状況を察してやさしさを示したはずなのに、彼には全然それが伝わらなかったといいます。

後日、彼と話をしたときに「俺と会いたくなかったんだろ？」と言われてますます混乱してしまいました。それで「疲れてるし、ゆっくり休んでほしくて、そう言ったんだよ。私も会いたかったんだよ」と一生懸命伝えたら、彼はムッとしたまま「だったらそう言ってくれよ。わからないじゃないか」と。それで彼女は「気持ちが全然伝わらなかった」と余計に悲しくなってしまったそうです。

私は「彼はSKさんに会いたかったんだよね、きっと。でも、理由もわからず『会わなくてもいいよ』と言われたから、拒否されたように感じちゃったのかもしれない。お互い愛情があるのに見事なすれ違いだよね」という話をしました。

その後、二人はたくさん話をして仲直りができたそうですが、すれ違いがきっかけで別れ話になったり、相手のことを嫌いになるケースはいっぱいあるでしょう。

ですが、もし、彼女が彼に次のように伝えていたならどうでしょうか？

「今週、仕事が忙しくて疲れているんじゃないかな？ 私は会いたいんだけど、もし、疲れていて私に会うのがしんどいな、と思ったらそう言ってね」

「お察し上手」な人ほど、結論を先読みして話してしまいますが、そのペースに相手が合わせられないこともありますよね。だから、面倒でも思っていることを言葉にして伝えると誤解される確率が低くなります。

人のために頑張りすぎて……⑩

気遣いの一言で、相手の地雷を踏んでしまった

ITさんからは、困っていたので解決策を提案したのにムッとされてしまったという、空回りした体験を伺いました。

「フラメンコ教室の先生が、課題曲を聴きながら、**『ここの歌詞が聞き取れないのよねえ……』**とおっしゃったので、**『それなら、スペイン語が堪能なAちゃんにも聴いてもらったらいかがでしょう?』**と提案しました。

そしたら、『私、これでも〝耳〟には自信あるから、人のチカラを借りるには及ばないのよ!』と、ムッとされてしまいました……」

ITさんの発言で、先生のプライドを傷つけてしまったのでしょうか。この先

生にすれば「あなたは私には聴く力がないと思ってるの⁉」と解釈してしまったのかもしれません。趣味の世界は芸術的、もしくは職人的な雰囲気が色濃いので、プライドが高かったり、思い込みが激しかったりする先生も多いものです。

そういうタイプの人は思わぬところに地雷が仕掛けられていることも多いので注意が必要ですね。

ちょっとした気遣いや配慮が相手のプライドに触るケースも少なくありません。

こういうときはＩＴさんの提案を拒否した先生も、あまり気に留めていないケースもあるので、「そういう先生だからな〜」と流せるのが理想的です。

しかし、察する能力がある人ほど、「大きなミスをしてしまったんじゃないだろうか？」「嫌われてしまうんじゃないだろうか？」とさらに考えてしまいがちなのですが、その必要はないんだ、と自分に言い聞かせてあげるのがいいと思います。

読者の方から寄せられた様々なシーンでの体験をご紹介しましたが、みなさんも同じような経験が少なからずあるのではないでしょうか。

「全然、大丈夫じゃない」と言っていい

いかがだったでしょうか？

大きく10のケースで分けましたが、細かい状況を加えれば、もっとたくさんあることでしょう。

次の章から悩みを解決するワークを実践していただく前に、**ある思い込みを外しておいてほしいのです。**

「お察し上手」な人は、相手の気持ちや状態をその本人以上にわかってしまうことがあります。

つい自分よりもその相手を優先してしまうことが多いことでしょう。

「相手は大変なんだから、少しでも力になってあげたい」という愛から行動することができる素晴らしい長所です。

ですが、そこにもちょっとした落とし穴があるものです。

こうした「自分よりも相手を優先する」場合に、次のような思い込みはありませんか？

「私は大丈夫！　大丈夫！」

「私は平気よ！」

「全然疲れてないから！」

「お察し上手」の人をカウンセリングすると、いつも人のために一生懸命奔走しているのに、自分のことは蔑ろにしているケースが悲しいことにたくさんあります。

本当は心も体もしんどいのに「あの人のほうが大変だから」と頑張ったり、本当は余裕がないのに「この仕事をしておかないと、必要とされなくなるかも……」と無理をしてしまうのです。

自分よりも他人やその場の状況をつい優先してしまうとき、意識は外に向いていて自分のことはまったく見えていないのです。

そうすると、仮に〝いっぱいいっぱい〟でしんどかったとしても、そんな自分に気付けない「灯台下暗し」状態になってしまうのです。

その結果、**相手の気持ちを察して助けているのに、どんどんと心に疲れが溜まっていきます。**

だから、そういう人には、あえてこんな言葉をつぶやいてもらうんです。

「私は全然大丈夫じゃない」

意外と言いにくかったり、必死に否定しようとする自分がいたり、ズキッとくる人が多いのです。

みなさんも一度、小さくてもいいので声に出してつぶやいてみましょう。

これが、あなたが楽になるファーストステップです。

第2章

「他人第一」をやめて、自分をすり減らさない

「お察し上手」な人は、「他人軸」になりやすい

「忙しい先輩のために、この書類を今日中に完成させないと」
「彼氏のために、ダイエットを頑張らないと」
「病気のお母さんのために、家事をしないと」

誰かに頼まれたわけでもないのに、こんな風に頑張ってしまうことはありませんか？

ついつい、「私」ではなく、「私以外」の人を中心に、自分の行動を考えているのは、「他人軸」で生きている証拠です。

「他人軸」で生きる、というのは、他人の価値観や考え方を優先して、自分の言動を決めてしまう生き方のことです。

「自分のことよりも他人を優先している状態の何が悪いの？」と思われるかもしれませんが、**問題は、その時自分の気持ちを無視して抑圧していることなのです。**

「人に嫌われないように……」
「場の空気を乱さないように……」
「相手を不快にさせないように……」
「人に迷惑をかけないように……」

そう思って相手の気持ちを察し、行動しているのであれば、それは自分を見失っている「他人軸」の状態といえます。

「お察し上手」な人は、あらゆることに敏感なため、周りの人から受ける情報量が圧倒的に多いのです。周りの人の言動や感情に振り回されやすくなり、自分を見失ってしまうことが珍しくありません。

そうしたときに大切なのは、**「自分軸」で生きる**、ということです。

周りの意見や空気ではなく、自分の心の声に素直に耳を澄まして、それに従って生きることです。

「お察し上手」な人も、はじめは「自分軸」で行動していることが多いと思います。

しかし、自分の行動が相手に伝わらなかったり、誤解されたり、報われなかったりすると、むなしさや寂しさや不満が心を占めるようになります。

そうすると「わかってほしい」というニーズが出てきて「自分軸」が揺らぎはじめます。

そして、

「どうしてわかってもらえないんだろう?」

「なんか一人で頑張っていてバカみたい」

「何のためにこんなことしているんだろう?」

「自分ではやっぱりダメなのかな」

「私がやっていることなんて意味がないのかな」

という不満や自己否定が出てくるのです。

その時点で、自分が行動を止められたらいいのですが、意地になって相手に認めてもらいたいと思ったり、「みんなに迷惑をかける」と我慢したり、そもそも「止める」という発想が浮かばなかったり……こうしたことが続くと、寂しさ、むなしさ、不満が心をどんどん乱すようになります。

そして、「自分軸」で考えて相手を喜ばせようと自ら進んでしていたはずの行為が、相手の反応によって振り回される「他人軸」へと移行してしまうのです。

また、嫌われたくないという「他人軸」ではじめから行動してしまうケースもあるでしょう。

そうすると、察する能力を発揮すればするほど、相手に嫌われないかどうかが気になってしまいます。

さらには、ちょっとした相手の言動から「これって嫌われたんじゃないか」と不安が煽られるようになり、ますます「他人軸」へと思考が進んでいきます。

人のために役立つ能力である「お察し力」は、こんな風に「他人軸」になってしまうと自分を傷つけ、不安にさせるものになってしまうのです。

「自分軸」では長所、「他人軸」では短所になる「お察し力」

「私はどうする？」
「私はどうしたい？」
「私はこう感じる」

このように、自分の言動の主語を「私は」にした心のあり方、それこそが「自分軸」で生きる、ということです。

「自分軸」で考えることができれば、自分の気持ちや状態を軸にして行動ができるので、周りの人の言動に振り回されることがありません。

「お察し上手」な人は、相手の気持ちや状態をキャッチすることに長けているため、相手がどう考えているのか、どうしたら満足するのかを考えすぎてしまい、つい相手中心の「他人軸」になりやすいのです。

相手の気持ちを察することができたり、場の空気をきちんと読めたりすることは長所ですし、あなたの大きな武器の一つになります。

しかし、それは「自分軸」でいられるうちは効果を発揮しますが、相手のことを考えすぎて「他人軸」になってしまうと、どんどん短所になってしまいます。

察することが得意な人が人間関係で苦しんでしまうのは、知らず知らずのうちに「他人軸」となるからなのです。

「お察し上手」な人は、よかれと思って行動しているのに、気が付けば相手に振り回されて苦しい思いをすることになってしまうのです。

だから、そこで「自分軸」を強く意識して行動していくことが、人間関係をより円滑に築くために必要なコツといえるでしょう。

やさしいところも平和主義なところも相手の気持ちを理解できることも長所なのですが、「他人軸」になっているときはそれが短所として機能してしまいます。

それでは素晴らしい才能が生かせないばかりか、自分を苦しめる原因となってしまうものです。

気を遣う人は「与えること」ができない

ここでいう「与える」というのは、「相手が喜びそうなことをしてあげて、それに対して自分も喜びを感じられること」です。

そこには、

①相手が喜ぶことを想像して、それを実現するために行動すること

②相手の反応にかかわらず、その行為そのものに自分が喜びを感じられること

という2つのポイントがあります。

これは、「自分軸」の状態で行われる「愛する」という行為の一つです。

あなたが大切な人にプレゼントを贈ろうと思ったとします。

「何が嬉しいかな〜、こんなの好きじゃないかな〜」と思って商品を手に取ります。

そして、ラッピングをしてもらい、家に帰ってメッセージをしたためて、そっとバッグ忍ばせます。そして、どうやって渡そうかの作戦を練って、いよいよ実行。

そのプロセスすべてに喜びがあり、ワクワクがあります。

「こういう機会を与えてくれてありがとう!!」と心の中で感謝すら生まれます。

そういう気持ちのときは相手の反応は二の次となり、あまり気にならなくなります。

ところが、私たちには相手に対して「喜んでほしい」という潜在的な欲求があります。

「きっととても喜んでくれるだろう」という期待もあります。

時には「せっかくあなたのために選んだのだから、それなりの反応をしてよ」という傲慢さも出てきてしまいます。

だから、相手がわかりやすい喜びを示してくれなかった場合、自分の一連の行動は失敗したかのように思います。

「なんで喜んでくれないんだよ！」という怒りが生まれ、「もっとちゃんとしたものを選べばよかった……」という後悔（自己嫌悪）につながります。

厳密にいえば、このケースは「与える」ことではありません。

これは、**「取引」**といいます。**「プレゼントをあげたんだから、喜んでよね」と相手に押しつけていることと同じ**なのです。

さらには「本当はしたくないんだけど、しないと嫌われるからする」「しないといけない気がするからする」という、前に述べた「犠牲」にもつながってしまうのです。

喜んでもらえなくても、自分を否定しない

気を遣う人というのは、色々と周りの人の様子を観察し、また、空気を読んで行動することができる人です。

それが自分自身の純粋な喜びにつながっている場合は、「自分軸」で考えられている証拠です。

ですが、「嫌われたくない」「場の空気を乱したくない」「迷惑をかけたくない」「失敗したくない」「目立ちたくない」「恥をかきたくない」などの思いが背景にある場合は「他人軸」になっています。

「他人軸」のときは、相手の反応が気になってしかたありません。

嫌われないように、迷惑をかけないように振る舞うのは、「他人軸」である証拠なのです。

そうすると、**自分の行動が「相手の気分を害さない」という条件に縛られるよ**

うになります。

相手の心の動きは読めないですから、大きく神経を使うことになります。そして、だんだん自分の心が疲れてしまうのです。

このときは「相手に喜んでほしい」という思いよりも、「嫌われたくない」という思いのほうが上回っています。

さらに「相手に喜んでほしい」という思いの裏には、純粋に自分の喜びにつながるからではなく、「自分を特別に扱ってくれる」「相手が自分を好きになってくれる」「相手に嫌われなくて済む」という思いに支配されていることもあるでしょう。

相手に気を遣っているとき、「与える」とは正反対の「取引」が生まれます。

大切な人にプレゼントを選ぶこと自体が「苦痛」に感じられるようになるのです。

やっていること、思いは素晴らしいことなのに、「取引」が隠れている分だけ苦しいのです。

とても幸せな状態とはいえません。

「私が嬉しいから、プレゼントを贈る」

プレゼントを贈って喜んでくれなければ悲しい気持ちになるかもしれませんが、そこに込めたあなたの気持ちは本物のはずです。

相手の人は受け取り下手なのかもしれないし、素直になれないのかもしれません。

今回は喜んでもらえなくても、それで終わりではないですから、次なるチャンスにかけることもできます。

ここで、**自分の気持ちや行動を否定することは、「自己肯定感」を下げることになってしまいます。**

そんな悲しいことをする必要はありません。

「自己肯定感」を高い状態に維持できれば、相手の反応の奥にある状況に意識を向けることができます。

そして、次はもっと素晴らしいものを与えたい、と思えるようになります。

あなたが「喜ばせたい」と思った気持ちに嘘はなく、そして、その気持ちの価値は相手の反応によってかき消されるようなものではありません。

気を遣って疲れてしまうならば、それは「他人軸」で、自己肯定感が低い証拠。

だから、「相手がどう思うか？」よりも、「自分がどうしたいのか？」をまずは優先させることが大切なのです。

逆をいえば、**気持ちが伴わなければプレゼントを贈る必要はありません。**

「与える」というのは愛する行為です。

「気を遣う」のはやさしさの一つでもあるけれど、それで苦しくなるくらいならば、もっともっと今の自分の価値を認め、肯定してあげましょう。

「自分軸」で生きていると思えても……

人間関係や心は「依存」「自立」「相互依存」という3つのステップで成長していきます。

これを「成長プロセス」と呼んでいます。

人間関係のあらゆる問題は、この「依存」もしくは「自立」の状態で起こることが多く、カウンセラーとしてもクライアントの問題を聞きながら、その背景に「依存」、「自立」、どちらの問題があるかを見ています。

「自分軸」で生きている人は「相互依存」の状態、「他人軸」で生きている人は「依存」もしくは「自立」の状態ともいえます。

この二つの状態は一見するとまったく別のもののように思えますが、実際は複雑に絡んでいたりすることも多いものです。

そこで、ここでは、「自分軸」でありながら「他人軸」にもなってしまう危ういケースをご紹介しましょう。

私たちは初めてのことを体験する際、右も左もわからないので周りの人に依存せざるを得なくなります。

たとえば、転職して新しい会社に入ったとき、そこの風土ややり方、考え方などまったくわからない状態ですから、先輩や上司に教えてもらわないと仕事ができません。

自分でやり方を掴むまでは不安だし、自信もありませんから、周りの人を気にしてしまうようになり、上司や先輩に振り回されることも数多く出てきます。

だから、「他人軸」になってしまい、とても苦しくなるのが「依存」なのです。

しかし、そうした中で徐々に知識を得、経験を積むと、心は徐々に「自立」していきます。自分の「やり方」や「正しさ」が確立されていきます。

自分で仕事がある程度回せるようになり自分なりのペースでできるようになっていきます。

余裕もできるので、周りの人の手助けもできるようになります。これが、「自立」のポジティブな側面です。誰もやりたがらない雑務をこなしたり、同僚にちょっとしたワードソフトの使い方を教えたり……。

「自立」はとても楽な状態なのですが、決してポジティブな面だけではありません。

自分なりのやり方が固まりだすと、それとは違う周囲と対立しやすくなったり、競争心が芽生えたり、誰かに頼れずに独りよがりになったりして、周りに対して不満や怒りを抱きやすくなるネガティブな面も持ち合わせているのです。

たとえば、自分はAというやり方が効率的で顧客のためにもなると思っているのに、上司はBを指示するのでそこで心理的な対立が生まれ、上司への不満、不信感が生まれるのです。

これが進むと、「自立の依存」という困った状態になってしまいます。

「取引」を求めるとつらくなるだけ

「自立の依存」とは何でしょうか？　そして、何が問題なのでしょうか？

「お察し上手」な人は、もともと「自分軸」で行動ができる自立した人ばかりです。

ただし、はじめは主体的に相手の気持ちを察して行動していたはずが、相手がそれに気付いてくれなかったり、感謝してくれなかったり……あるいは、そこで調子に乗った態度を取ったりしてくると、不満や不信感が募ってくるものです。

これは自立の陰に隠れていた依存が顔をのぞかせた状態で「自立の依存」という問題になります。

この「自立の依存」というのは、「他人から自立しようとするプロセスに隠れている依存心」のことです。

純粋に「喜んでもらいたい」「相手が少しでも楽になれば」という思いから「与える」行動ができるのですが、だんだん「喜んでもらいたいと思ってしたんだか

ら、相手もちゃんとそれを受け取って喜んでほしい」という欲求が出てきます。

これが「自立の依存」の状態です。

そこでは相手の反応に色々と期待しますから、前に触れたように「期待は裏切られる法則」から、がっかりさせられることが増えてきます。

「お察し上手」の人は、相手の気持ちを汲んで行動するため、「自立」のポジティブな面が発揮されているうちはとても心地よく快適に過ごせます。

一方で、「自立」のネガティブな面が出てくると、「こんなに気を遣ってるのになんで!?」という不満を持ちやすくなるんですね。

察して行動することが、途中から「取引」に変わってきたと思ったら、この傾向は顕著になると考えてください。

「喜んでほしい」と思う裏にある「嫌われたくない」「場の空気を乱したくない」「揉めたくない」といった思いがどんどん顔を出してくるのです。

「お察し上手」な人が、だんだん苦しくなってくるのは、この「自立の陰に隠れた依存心」によるものなのです。

「自分軸」で生きる3つのメリット

「自分軸」は、こうした「自立の依存」に悩まされないためにも非常に重要になってきます。

「自分軸」になっている状態は、お互い対等で、お互いに与え合う「ウィン - ウィン」の関係性を築いています。

見返りを期待せず、自分がしたいときに察する力を使って誰かを助けます。「与える」こと自体に、純粋に満足感を覚えることができます。

では、「自分軸」になることで、どんなメリットがあるのでしょうか。

3つの大きなメリットをご紹介しましょう。

①気を遣う場面を選択できる

「お察し上手」な人は、人間関係においては常に感受性を発揮し、頭を回転させて状況を読んでいます。そこではあれこれと考えすぎたり、相手の反応にがっかりしたり、相手がわかってくれなくて悔しい思いをしたりと心身ともに忙しくなり、疲れてしまいます。

それは察する能力が高いあまり相手に意識を向けすぎる弊害で、実質、相手に自分を合わせる「他人軸」状態です。

「他人軸」になっている分だけ「悪く思われたくない」「場の空気を乱したくない」「人に迷惑をかけたくない」といった気持ちが出てきますし、相手の反応を期待してしまいます。

そうした問題は、「自分軸」を確立することで、「私」と「相手」との間に明確な一線を引くことができるようになりますから、相手に無理に合わせることがなくなります。

言いかえれば、**必要以上に相手に気を遣わなくなる、もっと正確には「気を遣うかどうかを、自分で選択できるようになる」のです。**

ある場面では「ここは場の空気を読んだほうが良さそうだな」としますが、別の場面では「相手の気持ちを察することもできるけれど、あまり気が乗らないから今はやめておこう」という風に考えられるのです。

「自分軸」になっているときには相手に気を遣ったとしても、それは「与える意識」で行われますから全然疲れません。

相手がどう思うかよりも、自分がそれをすることの喜びを優先できるのです。

相手に気を遣わなくなるということは、相手の反応が期待通りでなかったり、報われなかったりするような状況になっても、あなた自身には何も影響を及ぼさなくなることです。

「わからないならわからないで構わない。自分がしたくてしているんだから」と前向きな思いになれるのです。

すると、相手にどう思われるかを気にしなくなりますから、あなたはどんどん自由になり、その能力を発揮しやすくなります。

②他人か自分か、優先する立場を選択できる

「お察し上手」なあなたは、相手のことがわかりすぎるがゆえに、自分の気持ちよりも相手のことのほうが気になってしまうことが多いはずです。

これも、「自分軸」を確立していくことで改善できるようになります。

「自分軸」を確立すると今までのように他人を優先することもできるし、自分を優先することもできる、という「選択肢」が生まれます。

選択肢があるところで、初めて私たちは自由を感じることができます。

自由を感じた分だけ余裕が生まれ、ますます視野が広がり、誰かに「与える」こととも自然とできるようになります。

そうすると、仮に相手が期待通りの反応を示さない、あるいは、まったくあなたの配慮に気付かなくても「それもまあ良いか」と受容することができるのです。

③「周りがいい人ばかり」と気付く

今まで他人のために頑張りすぎてきた人が「もっと自分を大切にする！」と宣言して、「自分軸」に意識を向けはじめると、意外な変化に気付くことが多いようです。

ある女性は長年の経験から職場で「お察し上手」になっていました。周りの空気を常に読み、雰囲気が悪いと感じたときは、積極的に声をかけてみんなの気分をやわらげたりしました。また、同僚や後輩の困った様子を察して、真っ先に悩みを聞いたりするようにしていました。

しかし、それは「他人軸」の部分が多かったため、彼女はいつも心が疲れていて報われない思いを抱えていました。**実際、年に数回訪れる繁忙期には人の仕事の手伝いばかりをして、自分の仕事は定時過ぎから深夜まで続く残業でこなすこともありました。**作業の遅れから、理解の足りない上司に怒られたこともあったそうです。

そんな彼女が「自分軸」を意識して自分の気持ちを優先して行動するようになったら、周りの人が彼女にあれこれ気を遣ってやさしい言葉をかけてくれたり、上司が彼女の抱えている仕事の一部を引き取って処理してくれたり、「あれ？本当はみんないい人だったの？」と気付いたそうです。

そして、もう一つ重要なことに彼女は気付きました。

「今まで私が見ていたのは、上司や同僚たちの『足りないところ』『困っているところ』ばかりでした。そこを**フォローしなきゃと思っていたから、彼らの悪いところしか見えてなかったんですよね。**それが今では彼らのいいところもちゃんと見えるようになって、あまり私があれこれ手出ししなくても大丈夫だとわかったんです」

こう話す彼女の気付きはとても深い意味があります。

「困っている人の役に立ちたい」と思っていると、あなたの周りには困っている人ばかりが集まってくるように見えます。そんな人たちを探しているわけですから当然と言えば当然かもしれません。

しかも、その人たちのフォローすべき問題に注目しているので、長所や魅力はあまり見ることができません。

それが**「自分軸」を取り戻すことによって視野が広がると、困っている人の中にもいいところがあるってわかってきますし、相手を信頼することもできるようになるのです。**

さて、ここまでは「自分軸」がいかに大切で有効か？　というお話をしてきましたが、次章からはいよいよ、「自分軸」を確立するためのワークを多数紹介したいと思います。自分のペースでぜひ取り組んでいただければと思います。

第3章

人のために頑張りすぎない「自分軸」構築ワーク

「人は人」に苦手な人の名前を入れる

「お察し上手」な人はついつい相手に合わせすぎて、自分を見失い、「他人軸」になってしまうものです。

「他人軸」になった瞬間から私たちは相手に振り回され、ますます自分を見失ってしまって、人間関係に疲れてしまいます。

そういう人に対して、私が何よりも最初に提案するのは、これから挙げるアファメーション（肯定的断言）です。

よく「私は私、人は人」という言葉を聞きますよね。

職場でデキる同僚の姿を見たとき、きょうだいの誰かが親に褒められていたとき……誰かと自分を比べて焦りそうになったときに、一度は口にしたことがあるでしょう。

実は、これを少し応用するだけで、「他人軸」から「自分軸」になる第一歩を踏み出せます。

「人は人」という言葉に、あなたが振り回されてしまっていると思う相手の名前を入れてみるのです。

「私は私、A部長はA部長」

「私は私、Bさんはさん」

「私は私、お母さんはお母さん」

「私は私、彼は彼」

「人は人」と言うよりも、より意識的に、相手との間に線を引くことができるようになります。

もし、この言葉を発することで寂しいような、申し訳ないような気がするとしたら、あなたはその人との距離が近すぎる証拠。「他人軸」になりやすい状態ですので、むしろそう感じなくなるまで続けてください。

このアファメーションは、思いついたときにブツブツとつぶやくように何度も何度も声に出して言ってみてください。**自分だけに聞こえる程度の小声で大丈夫ですよ。**

この言葉を1日に何十回、何百回とつぶやくだけでOKです。

何百回というとすごくたくさんのような気がしますよね。

でも、この「私は私、人は人」という言葉をつぶやくには3秒とかかりません。1分間なら20回言えます。自宅から駅まで徒歩5分なら往復で5分×20回×2＝200回もつぶやけることになります。

また、あなたがお風呂上がりにドライヤーで髪を乾かしているとき、ランチに出るとき、駅のホームで電車を待っているとき……色々な場面で簡単に実践しやすいはずです。

つぶやくクセをつけるには、アファメーションをつぶやくタイミングを決めておくといいでしょう。ふだんの生活で当たり前にやっていること、たとえば通勤時や車の運転中、またはドライヤーをかけるとき、寝る前にストレッチをしているとき、お皿を洗っているときなどにつぶやくと難なくクセになっていくでしょう。

このアファメーションは今まで本当に多くの方に試していただきました。このシンプルな方法をあえて提案するのは、それだけ彼らが効果を実感しているからです。

職場の上司の暴言が気にならなくなった人、娘の試験の成績が気にならなくなった人、パートナーの情緒不安定に振り回されなくなった人など、数多くの人がこのアファメーションをきっかけとして、前向きに過ごされています。

結婚10年を迎えたある男性は、結婚からずっと奥さんの顔色を窺い、その態度に一喜一憂し、振り回されていたそうです。

そこで奥さんとの関係を見直すために「私は私、妻は妻」という言葉を通勤の車の中やランニング中に唱えてもらいました。

しばらくすると、だんだん意識の中に「自分は」という言葉が増えはじめ、「自分がどうしたいのか？　どうするのか？」と主体的に行動を選べるようになってきました。2、3か月経つころには大きな効果が表れて、奥さんの言動に振り回されることがなくなりました。

結果的に半年くらいこのアファメーションを続けていたのですが、すっかり「自分は自分」という意識を持つことができ、奥さんの態度によって自分の気持ちが揺さぶられることがだいぶ少なくなったのです。

彼のように、毎日続けることが基本なのですが、どんな方でも約3週めくらいから変化を実感します。

そして、つぶやくことがクセになり、自宅を出て駅まで歩きはじめただけで勝手に口が「私は私、人は人」とつぶやくようになります。

それは潜在意識に、そのアファメーションがインストールされた証拠。

その後、徐々に感情や行動、さらには思考パターンにも「私は私」という「自分軸」が確立されていくようになるのです。

相手との**癒着**をはがす

私がカウンセリングの個人セッションで、クライアントさんから詳しい状況をお聞きしたときに、強力なアファメーションが必要だな、と感じさせられることがあります。

それは**その相手との関係が「癒着」状態だったり、相手に強く執着しているような状態だったりする場合です。**

あるクライアントさんの例を紹介しましょう。その女性は中学生の娘さんの受験問題で悩んでいました。

彼女は医者家系に生まれ、自身も医師でしたので、娘さんも医学部に進むことは親戚も含めてみんなが期待するところでした。だから、お母さんとしてはとてもプレッシャーを感じていました。

ところが娘さんは自由人で、気乗りがしないと勉強をしません。それで、模試のたびに史上最低点を更新することが続いていたのです。

お母さんは気が気ではなく、結果が出るたびにひどく落ち込み、娘を叱咤し、時には寝込むような状況が続いていました。お母さんは、完全に「他人（＝娘）軸」になっていたんですね。

そんなときに彼女は私のセッションを受けてくださいました。娘さんとの距離がとても近く、癒着関係にあることがひしひしと伝わってきたので、「私は私、娘は娘」というアファメーションをさらに強力にした言葉を彼女に提案しました。


「〝私は私〟、〝娘は娘〟。

私は娘の受験結果に関係なく娘を愛していて、〝私は私〟で幸せでいられる。

〝娘は娘〟で自分が幸せになる道を自分で考えて自分で選ぶことができる。

だから、私は娘を信頼する。

私は大丈夫だし、娘も大丈夫だ」


個人セッションの場でその言葉を書いて彼女に読んでもらったのですが、まず

1行目から詰まって先が続けられず、全部読み切るのに10分以上かかりました。娘さんに癒着している心のせいで、強い抵抗を感じながらも持ち前のやる気で毎日500回、多いときは1000回もつぶやいていたそうです。

その1か月半後に、娘さんの模試の結果が出て、再び、史上最低を更新しました。

けれども、「あなたはその気になればできる子だから大丈夫！」と自然と口から出ていました。そのことに彼女自身もびっくりしたそうです。

そうすると、その数か月後、受験が近づくころには娘さんの成績は急上昇。見事、志望校に入学することができたのです。

「癒着」というのはお互いの距離が近すぎて、相手のことを自分のことのように感じてしまう状態をいいます。

相手に起こった出来事は、「自分軸」が確立されていれば影響を受けませんが、**「他人軸」になっている場合、まるで自分に起こった出来事のように感じられて精神的に強い影響を受けてしまうのです。**

彼女は娘さんの模試の結果に一喜一憂し、本人以上に不安になり、焦り、そして、結果が悪かったときは、まるで自分が試験に失敗したかのように落ち込んでしまいました。

受験生を持つお母さんは少なからずそんな状態になるかと思いますが、それは心理的に見れば、近すぎる距離が招く悲劇なのです。

幸い彼女の娘さんは自由人で、お母さんがいくら叱咤してもペースを崩さないタイプだったのですが、もし娘さんがお母さんの気持ちに影響を受けて、一緒に振り回されるタイプだったならば、試験でのプレッシャーは相当なものだったでしょう。

しかし、お母さん自身も娘さんの実力をどこかで認めていたのだと思います。だから、アファメーションによって「自分軸」を確立できたときに「あなたはその気になればできる子だから大丈夫」と信頼することができたのです。

親子だけでなく、夫婦、あるいは、職場の人間関係など、近すぎる距離にある関係では、「私は私、人は人」よりも、より強い言葉を入れたほうがより効果が出やすいのです。
このアファメーションを効果的にするには、次のようなことを意識しましょう。

・ネガティブな言葉を使わない
・相手を否定する言葉を含めない
・私は、夫は、という主語を明確にする
・「選ぶ」「信頼する」「幸せになる」といった主体的な言葉を入れる
・安心感やパワーを感じられる「大丈夫」という言葉を入れる

もし、どうしても「他人軸」になってしまう関係性の人がいるならば、こうした少し強いアファメーションを唱えてみるのも効果的です。

「私は」という主語を意識する

日本語は主語がなくても文脈から主語を推測して会話が成立する言語です。

そのため、**ひとたび「癒着」のような近い関係性が生まれると、相手のことをさも自分のことのように語ってしまう場面が少なくないのです。**

実際、私がセッションで伺ったお話を紹介しましょう。

「体調がずっと良くないので病院に行ったんですね。そしたら、お医者さんから精密検査をすすめられたんですが、それですごく不安になってしまったんです。それから気分も落ち込み気味で、検査結果が悪かったらどうしようって毎日心配ばかりしているんです」

そんな話をクライアントさんがされたので、私はつい「え？　どこか悪いんですか？　とても元気そうに見えますけど」と伝えたら、彼女は**「え？　私は元気で**

すよ。私の母のことです」と。

でも、このクライアントさんの話を読んだら、まるで自分のことのように語られていますよね。

癒着関係にあると「他人の身に起きたことが、まるで自分のことのように感じられる」という現象が起こります。彼女の場合は「他人軸」ならぬ「お母さん軸」になってしまっているわけです。

ここまで極端でなくても、あなたが誰かの気持ちを気にして振り回されるケースもあります。

そんな時は次のワークに挑戦してみましょう。

1日の行動のすべてに「私は」「夫は」「母は」などの主語を必ずつけて思い出してみるのです。

たとえば、あなたの今日一日の行動をあえて「私は」を意識して思い出してみてください。

「**〝私は〟**時間通りに家を出て駅に向かった。けれど、**〝私は〟**つい雑誌の発売日が気になってコンビニに寄ってしまい、**〝私は〟**いつもの通勤電車に乗れなかった。
けれども、後続の電車は空いていて、**〝私は〟**座れなかったけれど快適に会社の最寄りの駅に到着できた。**〝私は〟**顔見知りの守衛さんに挨拶をしてオフィスに入った。そして、**〝私は〟**デスクの上を整理してからパソコンを立ち上げ、**〝私は〟**今日やるべき仕事を確認した」

という感じです。

また、友だちとメールやSNSでやり取りする際にも「私は」を意識してやり取りしてみることもいいでしょう。ただし、会話やメール全部に主語を付けると友だちから「どうしたの？　変だよ？」って気にされる可能性があるので注意しましょう。

まるで片言の日本語をしゃべっているような感じがするかもしれませんが、こ

の例文に違和感を覚えるほど私たちは主語を意識していません。

このワークを日々意識したら、今度は会話でも主語を意識するようにしてみましょう。上司や同僚と話をするときも、

「**私は**、今日忙しいので、これ以上、仕事は増やせません」

「**私が**、その仕事を手伝ってあげようか？」

「**私は**、A案、B案どちらでもいいと思います」

「**私は**、今からランチに行ってきます」

などのように「私は」を意識したり、

「**あなたは**A案に賛成なんですね？」

「**先輩は**その仕事を私に手伝ってほしいんですね？」

「**マネージャーは**今、経理部に伝票の清算に行っています」

という風に、他人に対してもあえて主語を明確にします。

「私は」「あなたは」と主語を意識して話をしてみると、それだけ「自分」と

「相手」の間に線を引けるようになります。

つまり、**私とあなたの違いが認識できるのです。**

「お察し上手」な人は、ついその違いを飛び越えて、相手の領域であれこれと察したり、考えたりしてしまうことが多いはずです。

ですから、ちょっと面倒でくどく感じるかもしれませんが、主語を意識する習慣を身につけていきましょう。

「私とあの人は違うから」という口ぐせを

自分は相手の気持ちを察して行動しているのに、相手が自分勝手に振る舞っていたら「人の気も知らないで」とイラッとしやすくなりますよね。

自分と人は違うものと頭ではわかっていても、なかなか腑《ふ》に落ちずに、つい相手の行動に期待してしまうこともあるでしょう。

そんなときには「私とあの人は違うから」という言葉を使ってみるといいでしょう。

これは相手をバカにしたり、見限ったりしているのではなく、その人をありのままに肯定することが目的です。

だから、「あの人はそういう人だよね」でも構いません。

「人はみんな違う」「自分とあの人は違う」という当たり前のことを意識づけるワークにもなります。

第1章の「投影の法則」で紹介したように、私たちは無意識に自分と相手を「同じ」と見てしまい、自分が感じるように相手も感じるはず、と思い込んでいます。

ところが、実際は人はそれぞれ異なった環境で育ち、違う価値観や考え方に基づいて行動しています。

同じ両親の下で育ったきょうだいですら、違いが生まれます。だから、その「違い」をあえて意識するために、この言葉をおすすめしているのです。

「私とあの人は違う」というのは、職場においても有効ですが、パートナーや家族に対して意識してみることも効果的です。

特にパートナーに対しては、自分と同じ思いを持ってほしいと期待してしまい、その違いに気付くとひどくショックを受けてしまうこともあるでしょう。

そのため、パートナーに対して「私とこの人は違う」という意識を持つことはちょっと突き放すような、寂しさを感じるかもしれません。

しかし、そこで寂しさを感じるということは、もしかすると二人の距離が近すぎることを暗示しています。

これはパートナーとの関係がぎくしゃくしている人には、このワークは特におすすめです。

合言葉は「人の迷惑かえりみず」

人の気持ちを察するクセがついていると、「自分のことは大丈夫だから」という思い込みから、つい自分よりも他人を優先させてしまうことが習慣になってしまいます。

そもそも問題の多くはこうした「習慣」がつくり出していることが多く、自分では当たり前になっていることが問題の原因になるものです。

いい人をしてしまう人はいい人をしていることが習慣で、それが当たり前だから、それが問題だと認識しにくく、「人間関係に疲れやすい」「人と関わるのが嫌だ」という状態になってしまうのです。

そこで、「自分軸」を確立するために、あえて強い言葉を自分に投げかけることが意外と効果的なことが多いのです。

たとえば「人の迷惑かえりみず」という言葉を普段からつぶやいてみましょう。

はじめは強い抵抗が伴いますが人間関係を楽にしてくれます。

こうしたアファメーションは、潜在意識に働きかけることが目的なので、「人の迷惑をかえりみず」といってても言動を意識的に変える必要はありません。

その言葉が徐々に自分の心に馴染んでいくと、もともと持っていたやさしく、人に気を遣いすぎる性格とミックスされて、人への接し方が変わってきます。

たとえば、ある女性はいつも仕事を抱え込んでいっぱいいっぱいになっていました。

同僚たちに気を遣い、必要のない業務を引き受けたり、「この仕事をするならば○○を勉強しなきゃいけない」と常に自分を追い込んでいたのですね。

結果、疲れてしまって望んで就いた仕事だったにもかかわらず「自分には向いていないのかもしれない」と転職を考えるまでになっていました。

そんなときに「人の迷惑かえりみず」と自分に強く言い続けることにしました。

はじめはモヤモヤするばかりで何ら変化は現れませんでしたが、ある時、あまり乗り気じゃない仕事を上司から頼まれたときに、思わず「すみません！　今、余裕がなくてできません！」という言葉が口をついて出てきたのです。

今までなら無理に笑顔をつくって「はい！」と引き受けていただけに、そんな言葉を発した自分にまずびっくりしました。

さらに、断ったことで上司が嫌な思いをするのではないかと危惧したのですが、上司はあっさりと、「そうだよね。ごめん。無理言ってすまなかった。他の人に頼むよ」と言って立ち去っていったのです。

そのことにも彼女はまたびっくりして、「なんだ、気が乗らない仕事は断ってもいいんだ」とわかって、それ以降、「やりたくない仕事はやらない！」と決意することができたのです。

その結果、もともと好きだった仕事にもっとハマるようになり、転職を考えていた気持ちは嘘のように消えていました。今ではすっかり仕事が楽しくなったそうです。

「それが私だから」と自分を責めずに肯定する

自己肯定感というのは良い自分も悪い自分もすべてをありのままに受け入れ、認めることを意味します。

そのために「それが私だから」という言葉をよくおすすめしています。

たとえば、相手の気持ちを察して行動したのに、それが裏目に出ることもあるでしょう。

そのときに私たちはつい自分を責めたり、相手を悪者にしたりしたくなります。本当はどちらが悪いわけでもなく、単に思いがすれ違っているだけのことも少なくないのです。

そのときに、この言葉を意識してみるのです。

「それが私だもんな」と。

そうして自分を肯定すると、今度は相手のことも肯定しやすくなります。それが先ほど紹介した「私とあの人は違うから」です。

これらの言葉をセットにして意識しておくと、きちんと「自分軸」を確立できるので、短期間にグッと気持ちが軽くなるのです。

さらに「それが私だから」という言葉はアレンジすると、前後に言葉を付けることもできます。


「つい、よかれと思って相手の気持ちを考えてしまうんだよね。それが私だから」

「場の空気が良くなればと思って意見を引っ込めてしまうのが、私なんだよね」

「私だから、相手に気を遣いすぎて疲れてしまう」


どうでしょうか。

この言葉が自分を慰め、安らぎを与えてくれる感じがしませんか？

察することが上手な人は相手の気持ちに敏感なだけに、自分を責めやすい傾向にあります。

そんなときに自分を責めないように、ちゃんと自分で自分を守ってあげる意識はとても心を安定させ、「自分軸」を確立するために役立ちます。

「それが私だもんな」と言いながら、自分を抱きしめてあげる。
「よくやった、えらい、えらい」と褒めてあげる。

こうして自分を大切にすることができると、せっかく気を遣ったのに報われなかった自分が救われるのです。

「当たり前」に思える自分の価値を知る

「他人軸」になってしまう背景には、自分のことをちっぽけに扱ってしまう心理が影響していることが多いのです。

これを「無価値感」といいます。

「自分には価値なんてないんじゃないか？」という思いです。

無価値感が強く、さらに人の感情をキャッチするのが上手なタイプだと、自分のことは放っておいて相手の気持ちばかりに目を向けるようになります。

そして、相手の気分を害さないように行動することで、自分の価値のなさを埋めようとしてしまうのです。

当然ながら価値のない人は誰もいません。みんなそれぞれにかけがえのない価値を持っています。

しかし、私たちには自分の価値をなかなか認められない心理があるのです。

私たちの価値は自分にとっては、「できて当然」のことばかりです。

もともとやさしい人は、ふつうに振る舞っていても、やさしいのです。

気が利く人は、その場に必要なことに気付いて自然と行動してしまうのです。

人の気持ちを考えられる人は、それがさらりとできてしまう人なのです。

だから、自分ではそれが全然特別なものには思えません。

仮に、周りから「あなたってやさしくて、ほんとに気が利く人だよね」と言われても、

「え？　ふつうだよ。私よりやさしくて気が利く人なんてたくさんいるよ」

と答えてしまうのです。

まずはその価値を自分で認識する必要があります。

「自分の価値は自分からすれば当たり前」

この法則はぜひ覚えておいていただきたいものです。

さて、自分の価値を知るワークは本当にたくさんあるのですが、私がセミナーでよく使うものをご紹介してみたいと思います。

【自分の価値を確認するワーク】

（1）あなたの周りの人はどんな価値、魅力を持った人が多いですか？

（2）あなたはどんな人に憧れますか？

ぜひ、この先を読む前に、この答えを書き出してみましょう。

ワークでリストアップしてくれた価値や魅力は、すべてあなた自身の価値や魅力を表しています。

「えーっ!? 信じられない！ 違う!!」って思われるかもしれません。実際、セミナーのたびに私も散々その声を聞いてきました。

どちらの質問も第1章に登場した「投影の法則」を活用したものです。

振り返ると、投影とは「自分の心の中にあるものを、外の世界に映し出すこと」です。

もし、あなたの周りの人たちに対して「明るくて、前向きで、人の気持ちをよく考えられるやさしい人が多いなあ」と思ったのであれば、あなたの中に明るさ、

前向きさ、人の気持ちをよく考えることややさしさがある証拠です。

あなたの中にそれがあるから、彼らにその魅力を見ることができるのです。

もし、あなたの中に明るさがなければ、相手の中にその明るさを見ることはできません。

「いや、でも、私、全然暗いんだけどなあ」と思われるかもしれません。

けれども、明るい人も、四六時中明るいのでしょうか？

明るい人だって、たまには暗いときもあるかもしれません。

また、先ほどお話ししたように、自分にある魅力や価値は自分ではなかなかそうと気付けないものです。

だから、こう感じられる方もいらっしゃると思います。

「私、人から明るいなんて言われたことないです」と。

私たちは自分の価値を他者から認められてはじめて、それを「価値があると思っていい」と自覚します。

「明るいって認めてくれる人が10人いないと、自分は明るいと思えない」という風に。

また、**私たちは「他人軸」でいるときほど、他者と比較してしまい、「私より明るい人なんてたくさんいるし」と思ってしまいます。**

「自分が世界で一番明るい人だと思え！」と私は言ってないのですが、そんな風に解釈してしまう人は実に多いのです。

さらに言えば、あなたの中に明るさがあるとして、それを活用しているかどうかもわかりません。

「私は暗いんだ」という思い込みがあれば、仮に自分の中に明るさがあってもそれを引っ込めてしまうでしょう。

だから、これらのワークはあなたの隠れた魅力や価値をも教えてくれるものといえるのです。

「そうか、これが私の魅力なんだ」という風に受け取ってもらえたら幸いです。

また、ワーク（2）については、そのあなたの中にある魅力を象徴する人物を「憧れ」として感じます。

これもまた「投影の法則」なのです。

だから、**「憧れの人」とは、「あなたの中にある魅力や価値という輝きを、さらに磨いた人」という言い方もできるのです。**

こうして自分の価値を知っていくと、無価値感の罠から逃れ、自分が価値のある人間であることを自覚するようになります。

そうすると「自分軸」が確立され、必要以上に相手に気遣いしすぎることがなくなるのです。

誰かのために頑張ったことを認める

私たちはいつも誰かのために頑張ってきました。

幼少期はお母さんやお父さんのために、学校に行けば同級生や先生のために、大人になれば恋人、友人、同僚、上司、会社のために、たくさん頑張ってきました。

けれど、日本人はあまり褒めることを得意としていません。

だから、頑張っていてもなかなか認められないばかりか、次なる課題を出されてさらに頑張らなければいけない状況に追いつめられることもあります。

「自分軸」を確立するためにも、また、自己肯定感を高めるためにも、とても大切なのは「自分で自分を認めてあげること」、すなわち、「自己承認」なのです。

たとえば、みなさんの中には子どものころから、お母さんから愚痴をたくさん聞かされてきた人はいらっしゃいませんか?

お父さんのこと、おばあちゃんのこと、親戚の人たちの愚痴をずっとこぼすお母さんの側にいて、ずっと話を聞いてあげ、そして時には励ましてあげたのはなぜでしょう？

それだけお母さんのことが大好きで、お母さんに笑顔になってほしかったんですよね。

それって子どもながらにすごく頑張ったことではないでしょうか？

また、お母さんが少しでも楽になるようにいい子になったり、お手伝いをしたりしていた方はいらっしゃいませんか？

先日、ある女性が「母を助けるために、小学校に行く前に掃除機をかけたり、晩ご飯のお手伝いをしたり、食後のお皿洗いを進んでやったりしてました」と教えてくれました。

それもなかなかできることではありませんよね？

だから彼女に「それってすごいことだよね！」って伝えたら、「確かにそうですよね。今から考えるとそんな小さな子がお手伝いするのってすごいことですよね。今までは全然そんなこと思っていませんでした」と。**そんな自分に「偉いなあ、よく頑張ったなあ」って言ってあげたいと思いませんか？**

学校で嫌なこと、つらいことがあっても、お母さんを心配させたくないと、グッと一人で我慢したこともあるかもしれません。

いじめにあっている子は親がショックを受けたり、悲しんだりしないように、一切その事実を言わない子も多いのです。お母さんを困らせたくない、迷惑をかけたくない、と思っているのです。

なんと、お母さん思いの子どもでしょう！

しかし、当然ながら、そんな自分を承認してあげることは難しい。できれば思い出したくないって人も少なくないでしょう。

でも、あえて、ここで、そうやってお母さんのために一生懸命我慢した自分を**「よくやったね。よく我慢したね。偉いね」**と褒めてあげてほしいものです。

お父さんとお母さんがケンカしていたら、仲直りしてもらうために骨を折った方もいらっしゃるでしょう。

お父さんのこともお母さんのことも大好きだからケンカするのは悲しいし、仲良くしてほしいですよね。

それに、怖がる弟や妹を守るために頑張った人もいるのではないでしょうか。

それだけ家族を愛している自分のこと、ちゃんと承認してあげていますか？

他にも失恋して落ち込んでる友だちを励まそうとずっと話を聞いてあげたり、後輩のミスをカバーするために深夜まで残業したりしたこと、ありませんか？

あなたはずいぶんと人のために頑張ってこられたんじゃないでしょうか。

そんな**「誰かのために頑張っていた自分」を思い出してみてほしいのです。**察するのが上手な人は周りのことがよく見えているはずです。

困っている人、つらそうな人がいたら、放っておけないやさしい人も多いと思います。

だからこそ、きっとそんな風に頑張った自分って、たくさんいると思うのです。

そんな自分を承認すること。

すなわち「よくやったなあ。頑張ったなあ。偉いなあ」という風に自分に言ってあげること、これが自己承認です。

そして、**この自己承認が自信をつくり、「自分軸」を築き、自己肯定感を高めてくれるものになります。**

つい人の気持ちを察してしまうみなさんはきっとエピソードには事欠かないと思います。

誰かが褒めてくれなくてもいいんです。

自分が自分を認めてあげれば自信を持てるようになっていくのです。

「私は人が好き」と自覚する

なぜ、そんなにも人の気持ちを考えてしまうのか？
なぜ、よかれと思って相手に合わせてしまうのか？
なぜ、場の空気を読んで自分の思いを我慢するのか？
なぜ、相手のためにそれだけエネルギーを使えるのか？
なぜ、相手の気持ちを察することがこんなにもできるのか？

自分の行動がしんどかったり、疲れたりしているときは、「他人軸」になっている状態のせいで「自分に自信がないから」「自己肯定感が低いから」「嫌われたくないから」とネガティブな理由ばかりを考えてしまうものです。

でも、**そもそもなぜ、そんなことができるのかといえば、「人が好きだから」ではないでしょうか？**

みなさんが今まで誰かのために頑張ってきたこともそうだし、今、ついついや

ってしまう相手の気持ちを察することも、そもそも人が好きでなければできないことです。

人が好きでなければ、他人のためにそこまでエネルギーを費やすことはしないんです。

たとえば、みなさんがMr.Childrenに興味がなければ、必死にチケットを取ったり、わざわざ会社を休んで高速バスに揺られてライブ会場に行くことはしないと思います。そんなことしたら疲れるだけですよね？

でも、彼らのファンはそれだけエネルギーをかける価値を感じているから、そういうことができるんです。

人の気持ちを察したり、場の空気を読んだりするのも、他人にそれだけのエネルギーをかけるだけの価値をあなたが感じているからではないでしょうか。

それだけ人のことが好きなのです。

「人が好きだから、気持ちを察して行動してしまうんだ」ということに気付くと、私たちはすぐに「自分軸」を取り戻せます。

なぜならば「好き」とか「ワクワクする」という感情は、私たちの心の深いところから湧き上がる自然な感情だからです。

それは不安や罪悪感などの感情よりもずっと強い、「愛」から生まれる感情です。

「私は人が好きなんだ」と自覚することで、自分がついやってしまう人の気持ちを察する行動も、前向きに理解できます。

「だって、好きなんだもの」と。

「できること・できないこと」の線引きをする

「それは自分にどうにかできるものかな？」という質問をカウンセリングの個人セッションなどですることがよくあります。

察することが上手な人は、つい「私」と「相手」の間の境界線を越えて、相手の領域に侵入してしまうことが多いのです。

もちろん、それは相手のことがわかりすぎてしまったり、相手の気持ちを考えすぎたりするからなのですが、その際、**自分ではどうしようもないことに足を突っ込んでいることも多いと思うのです。**

相手の気持ち、考え、価値観、行動は、どれも相手のもので、自分にはどうにもできないものです。

一方、私の気持ち、考え、価値観、行動は自分次第で変えることができるものです。

自分にできること、できないことの区切りをきちんとつけておかないと、自分ではどうしようもできないことに振り回されることになります。

たとえば、第1章で紹介したFRさんは疲れているお母さんを楽にしてあげたいと家事を手伝いました。

しかし、それがお母さんのやり方と合わなかったようでダメ出しされてしまいます。

しかも、その後、非戦力だと思われて手伝わせてもらえなくなりました。

お母さんを楽にしてあげたいと思ったにもかかわらず、それが叶わなかったわけですから悲しいし、腹が立つし、また、やり方を間違えた自分を責めてしまうかもしれません。

しかし、お母さんを楽にしてあげたいと思って手伝ったFRさんは、何も間違っていないと思うのです。

それはFRさんができることをやったからです。

やり方が違ったことでお母さんが「もう手伝わなくていいから」と思ったとすれば、それはお母さんが思ったことですから、FRさんにはどうしようもできません。

そもそも、お母さんなりのやり方やルールというのは、お母さん自身のものですから、やはりFRさんにはどうしようもできないことでもあるのです。

自分なりによかれと思うことをやったのであれば、ベストを尽くしたのです。それをどう判断するかは相手の問題です。自分にはどうすることもできません。

私たちはよく相手の反応や判断や感情によって振り回されてしまいますが、「私にはどうすることもできない、相手の問題」としてきちんと線を引くことで、自分を責めたり、否定したり、必要以上に悲しがったりすることがなくなります。

「自分としてはベストを尽くした」
「自分的にやれることをやった」

この意識をきちんと持つことが大切です。

もちろん、お母さんを楽にしてあげたかったわけですから、「もっとやれることがあったのではないか？」「きちんとお母さんのやり方を聞いておけばよかった」と新たな後悔が生まれるかもしれません。

でも、そのときはそれがベストだったのです。

そして、できないことがあるならば、知らないことがあったならば、それを学び、次に生かせばいいのです。

こうして、「これは自分にどうにかできるもの？」という問いかけによって、相手との間にきちんと線引きすることは、「自分軸」を確立する方法に他なりません。

そうした線を引くことがちょっと冷たいように感じるのであれば、あなたはとてもやさしい人なのです。

しかし、そのやさしさがかえって相手の領域まで入り込む危険を冒すことになって、残念な思いをすることになるのです。

ひたすら自分をほめまくる

「他人軸」の状態だと「相手からの評価」がすべてになります。

一生懸命頑張ったとしても、相手の気持ちを察して動いたとしても、場の空気を読んで行動したとしても、相手に認められて初めてその行動に価値があると思ってしまいます。

しかし、それだといつまで経っても他者に認めてもらわなければ、自分の行動に価値を感じられないことになってしまいます。

先ほど紹介したように、他人からの評価は「自分ではどうしようもないこと」です。

他人に認めてもらわなければ意味がないように感じてしまうとすると、いつまで経っても自分を認められないことになるのです。

そうした承認欲求は誰しもが持っているものではありますが、それが強くなりすぎると、他者評価に振り回されることになります。

だから、「自分軸」がとても大事なのです。

「自分軸」ということは、自分で自分を評価してあげることですよね。

しかし、それは「あれがダメだった、もっとこうすればよかった」という厳しい判定ではなく、自分が頑張ったこと、自分がやったことをきちんと褒めてあげることです。

私がよく紹介する方法に「何でもいいから1日5個自分を褒める」という宿題があります。かれこれ、何千もの人たちに実践していただきました。

どんなことでも構いません。大したことでなくてもいいんです。

むしろ、「朝起きたときにちゃんと顔を洗った」「信号を守った」「ちゃんと駐輪場に自転車を置いた」などのように、「当たり前じゃん！」と思えることのほうが有効です。

なぜならば、**ほんの些細《ささい》なことで自分を褒める習慣が付いたとしたら、1日5個どころ何百個も自分を褒めることになる**からです。

「そんなことで効果があるの？」と思われる人も多いのですが、ぜひやってみてください。これ、1、2か月続けると様々な効果が表れます。

「自己嫌悪することがなくなった」と報告してくれた人は本当にたくさんいます。ある人は長らく自分に自信がなく、自己否定がクセになっていました。察するのが得意な反面、周りの人たちに振り回されることも多く、すっかり「他人軸」の状態だったのです。

そんな中、この宿題で「自分を褒める」ということを実践してくださったんですね。

はじめは会社帰りの電車の中で5個、スマホのメモに書くようにしていましたが、とても難しく、電車に乗っている40分の間、ずっとあれやこれやと考えていたそうです。

しかし、**だんだん慣れてくるにつれ、簡単に5つ褒められるようになりました。**

そのコツは、私がお伝えした「できるだけ小さなことを褒めるといい」という言葉を思い出したからでした。

やはり、はじめは大きなことで自分を褒めようとしていたんですね。

「後輩が困っているのを見て助け舟を出せた」

「上司の意をくんで資料をつくり上げた」

「訪問客を気分よくもてなすことができた」

など、レベルの高いものばかりを探していたのです。

小さいことで自分を褒めることをはじめると、だんだん褒めることを探すのが楽しくなってきたそうです。

しかも、それが「しょうもない」「当たり前」と思える小さなことですから、だんだん面白くもなってきたんです。

そして、気が付けば自分が何かをしたときすぐに「あ、これで自分をまた褒められる」と気付くようになったのです。

あるとき、オフィスのエレベーターで後から乗ってくる人のために「開く」ボタンを押してあげていたのですが、その際「あ、これ、褒めポイントだ」と嬉しくなったり、職場の飲み会で隣の席の人に飲み物を渡してあげるときに「あ、これでまた一つ褒めてあげられる」と気付いたり。

そうしていくうちに、**気が付けば一日中、自分を褒めているような状態になったのです。**

そんなとき仕事でミスをして取引先に迷惑をかけてしまいました。

今までならひどく自分を責め、一日中落ち込んでいるはずなのですが、彼女はそのとき全然平気だったのです。「誰でもミスはするよね～。また次頑張ろう！」と自然と思えていたのです。そして、そう思っている自分に気付いてびっくりしたそうです。気が付けば自己嫌悪がすっかりなくなり、周りの人たちに振り回されることもなくなっていました。

その報告に来てくださったとき、スマホを見せてくれたのですが、

「コンビニのお兄さんに『ありがとう』を言えた」

「飲み会で夜遅く帰っても、ちゃんとシャワーを浴びてから寝た」

「野菜サラダをつくって食べた」

などの日常のちょっとしたことがたくさん書かれていました。

そして、彼女自身、すっかり表情が明るくなると同時に、「自分軸」で話すようになっていたのは私にとっても驚きでした。

そうすると、彼女の察する能力は効果的に発揮されていて、周りの人のことが今までよりもよく見えるし、必要に応じて声をかけられるようになって「○○さ

んはとても気が利くね！」という評価までいただくようになったそうです。

汚れた水が入ったコップに、綺麗な水を少しずつ垂らしていくと、いつかは綺麗な水になりますよね。

同じように、自己嫌悪や「他人軸」的振る舞いを直接変えるのではなく、自分を褒めることを意識的に増やすことで、相対的に自己嫌悪や「他人軸」の比率を下げていくのです。

だから、急激に変わるというよりも、徐々に、しかし、確実に変わっていくので、ふだんはあまり変化していることに気が付きません。

それが先ほどの彼女のように「仕事でミスをする」というイベントが発生したときに、自分の反応が今までと違うことに気付くのです。

意識的に「地に足を着ける」

「あれ？　今、『自分軸』じゃないな」

そう気付いたときに、「私は私」をつぶやくのも効果的ですが、体に意識を向けるのも自分を取り戻すきっかけになります。

それは両足に意識を向けて、地に足が着いていることを確認することです。

小刻みに足を動かしてみて「地に足が着いている」と意識的に確認することも効果的です。

足に意識を向けることで、気持ちがスーッと落ち着いて自分を取り戻せることがよくあるのです。

周りの人に意識を取られて「他人軸」となり、彼らやその場の状況に振り回されているときは、思考に意識が向いています。

つまり、**頭で考えすぎている状態**なのです。そうすると、心ここにあらずとなって、周りのことばかりが気になります。

そこで、地に足が着いていることを確認することで、頭に向いていた意識を自分自身に向けることができるのです。

決心することを「肚《はら》を決める」、覚悟を決めることを「肚を括《くく》る」、納得することを「肚に落ちる」などと表現しますが、この「肚」は丹田《たんでん》と呼ばれるおへそのすぐ下にある場所のことで、心や気力の中心です。

この肚にきちんと意識が向くと、私たちは自分を見失うことなく、自分らしくいられます。

だから、周りに振り回されて頭で考えすぎる状態から「自分軸」を取り戻すには、意識をこの丹田に向けることができればいいのです。

だから、おへそのすぐ下あたりに意識を向けたらいいのですが、それよりもずっと下の足に意識を向けたほうが、より思考から意識が離れやすく、下に降りやすくなります。

それで、あえて丹田に意識を向けるのではなく、足に意識を向けることをおすすめしているのです。

「すべては自作自演」と考える

私はカウンセリングをする際に「その人に起きた問題は、その人が自ら望み必要だと思って起こしたこと、すなわち、すべての問題は自作自演である」という見方をしています。

これによって誰かのせいにしたり、被害者になったりすることなく、「自分軸」で問題と向き合うことができるようになるのです。

「職場でいつも自分にばかり冷たく接する上司がいる」という場合、「ひどい上司だね。色々気を遣って頑張っているのにね」と言ってもらうとホッとします。

そうした共感はもちろん心にとっても大切なことなのですが、それだけでは上司との関係は改善されませんよね。そこで、

「なぜ、私はそんな上司を選んでいるのだろう?」

「なぜ、私はその上司の態度を冷たいと感じてしまうのだろう?」

「なぜ、私は上司に冷たくしてほしいのだろう?」

という風に「私は」という自分軸で捉えてみるのです。

つまり、「私はこの状況を自ら望んでいるんですよ！」という、自作自演として解釈してみるのです。

「そんなつもりはない！」と思われるかもしれませんが、あくまでものの見方の一つとして提案していますので、試してみてください。


この自作自演の見方を採り入れると、意外な思いに気付くことが多いのです。

たとえば、先ほどの例でいえば、

「冷たい上司を私が選んだとするならば、早くこの仕事を卒業してもっとやりたいこと、好きなことをやりなさい、というメッセージ」

「上司が自分にだけ冷たくするように感じるのは、私の自己否定が強いことを改めて気付かせてくれるため」

「上司に冷たくされることによって、もっと自分が愛されるにふさわしい存在であることに気付くため」

などの答えを見つけることもできます。

もちろん答えはひとつではないので、自分なりにあれこれ考えてみてください。

こうした自作自演の考え方は「自分軸」であることを徹底する効果があります。

だから、クイズ感覚で、

「もし、仕事を頑張っても評価されないことを私が望んでいるとしたら、なぜ？」

「場の空気を読んで行動してるのに報われないことを私が望んでいるとしたら、なぜ？」

といった風に考えてみると、ハッとする答えが見つかるようになります。

実はこの問いかけは「潜在意識」という私たちの心の奥にある意識に作用するもので、いわば**自分の本音とつながる効果**があります。

潜在意識からの答えを受け取るにはそれなりのワークが必要なので、ぜひこの自作自演に基づいたクイズ大会をしばらく続けてみてください。

「自分軸」を確立できるだけでなく、意外な本音に気付くことができて目からウロコが落ちる可能性がとても大きいです。

自分の感情には責任を持つ

最後は少々上級編です。

人間関係を円滑に築くための効果的な考え方に「自分の感情に責任を持つ」というものがあります。

たとえば、**せっかく相手の気持ちを汲んで行動しているのに、そのことに相手は全然気付かなくて、悲しくなったり、ムカついたりしたとします。**

もちろん、そういう気持ちになることは全然悪いことではなく、むしろ、自然現象だと思います。

しかし、そのときに、

「せっかく私が気を遣ってあげたのに、そんな態度を取るなんてひどい！」

「そんな態度を取るなんて私のことなんてどうでもいいんだ」

「やっぱり私がやったって無駄なんだ。私なんて……」

などと相手を責めたり落ち込んだりするのは、相手との関係を悪化させてしまったり、自己否定を強めたりするものです。

自分がした行動に対して、悲しくなったり、怒りを感じたりしたときに、「それは私が感じている感情だ」という当たり前の事実に目を向けてみるのです。

同じ状況になっても悲しくならない人もいるだろうし、怒るどころか楽しめる人もいるかもしれません。

相手の態度によって自分の気分が害されたとしても、嫌な気分になったのは私自身であって、相手のせいではないのです。

相手の態度を自分がネガティブな形で受け取ってしまったがために、自分の感情が乱れたのです。

もちろん、これは「あなたが悪い」「間違っている」ということを言いたいのではありません。

どんな感情であれ、それを感じている自分自身がつくり出した感情であることを知っていただきたいのです。

自分の感情は、自分にしか処理できないのです。

しかし、私たちは「こんな悲しい気持ちになるなんて責任取ってよ！」と相手にその感情の処理を押し付けてしまいがちではありませんか？

しかし、それこそ、「他人軸」な態度です。相手があなたの気分を良くしてくれるかどうかは自分にはどうしようもないことですから。

相手がとった態度によって自分の感情が乱されたのであれば、それは自分自身の責任なのです。

そう考えれば、自分の感じた気持ちをちゃんと自分が大切に処理してあげることが、「自分軸」で生きる秘訣になります。

だからこそ、「自分の感情をどう解放してあげるか？」という方法を知っておくことが役に立つのです。

私は「御恨み帳」という方法をよく提案しています。

怒りやイライラ、理不尽さから、時には悲しみ、寂しさ、罪悪感まで、自分が感じている感情をひたすらノートに書き連ねる方法です。

特に怒りや恨みつらみの感情を解放するために使うのでその名前を付けました。

感情は、感じてあげると解放されるという特徴があります。

だから、セミナーなどではよく「感情とウンコは同じ」という表現をして笑いを誘っています。

「感じたくない感情を感じたとしても、それはちょっとまずいときにきた便意と同じだよね。こんなときに……と思っても、急いでトイレを探して駆け込むでしょう？

感情もそれと同じなんです。感じちゃったものはしょうがないから、できるだけ安全な方法で出してあげるのがいいのです」

そして、ウンコのときに活躍する便器が「御恨み帳」というわけです。

他にも感情を解放する方法はたくさんあります。

人に話を聞いてもらうだけでもスッキリしますし、体を動かして汗を流すのも効果的でしょう。

大声で歌を歌っても気持ちが解放されます。

主婦の人などは、怒りに任せて掃除機をかけたり、お皿を洗っていたら、気持ちもすっきりしたし部屋もお皿も綺麗になった、という経験をされた方もいらっしゃるでしょう。

自分が感じた感情は何がきっかけであっても自分のものだから、自分できちんと処理してあげる……。これがまさに「自分軸」のあり方なのです。

そのためにも、自分が感情を解放できる方法をあれこれと知っておくことがおすすめです。

とはいえ、これを読まれた方は「わかっちゃいるけど難しいなあ」と感じられるかもしれません。

だから、上級編とはじめにお断りしたのですが、この意識を持つだけでも精神的に成熟さを増し、より大人になれることは請け合いです。

第4章

自分の気持ちを優先できる伝え方

「ドライな自分」を許可する

「お察し上手」な人は「嫌われたくない」「迷惑をかけたくない」という動機もある一方で、人の気持ちを考えられるやさしい人なのです。

だから、頼まれると断れなかったり、困っている後輩がいたら放っておけなかったりするのです。

しかし、そうして相手の気持ちを察して行動しても、あなたは恩着せがましくするのも嫌いなので、なかなか気付いてもらえません。

もちろん、気付いてほしくて、褒めてほしくてやっているわけではないと思いますが、それでも、まったく感謝されないと、ちょっと寂しくなってしまうでしょう。

そういう人には〝あえて〟冷たい人になってみることをおすすめしています。

あなたの周りに「あの人、ドライだよなあ」という人はいませんか？　もし、そういう人がいたらお手本にしてみましょう。

ここで「冷たい人」というのは次のような態度を取る人をイメージしています。

・自分の意見をはっきり言う
・周りに関係なく自分の仕事が終わればさっさと退社
・上司に対しても物怖じせず、仕事を頼まれても忙しければ断る
・挨拶などはするけれど、会話からあまり感情がわからない
・職場の飲み会や歓送迎会などには参加しない
・職場ではちょっと浮いていて、時には疎まれている
・自分の世界を持っていて、あまり心を開かない
・他人にあまり興味を示さない

もしかしたら、察するのが得意なみなさんは、ついこういう人に振り回されてしまっているのかもしれませんし、こういうタイプの人を「苦手」と感じている人も少なくないのではないでしょうか。

私はクライアントさんに、人間関係においては**「苦手な人を師匠と思え！」**という提案をよくしています。

そう、自分とタイプが違う人で、苦手に感じる人というのは、自分にとってとても大切なことを教えてくれるお師匠さんなのです。

なぜなら、「苦手」と感じるということは、自分が嫌って隠している部分を見せてくれている可能性が高いからです。

だから、「冷たい人」「ドライな人」が苦手だと思うなら、あなたは自分の中にある同じ面を隠して、無理をして人に温かく接しているのかもしれません。

そこが人間関係を苦しめる要因になっています。

具体的には、時として、彼らの考え方や行動を真似してみるんですね。

もちろん、はじめはうまくいかないでしょう。

でも、気持ちがスッキリしたり、肩の力が抜けたりする実感を持てるでしょう。

もちろん、「自分軸」さえしっかりつくれていれば、やさしいあなたが彼らのような考え方を採り入れたからといって、完璧に彼らのようになることはあり得ません。

あなたのやさしさと、彼らの冷たさがいい塩梅にミックスされるだけですから、その点はご安心ください。

それよりも**「時には冷たい態度をとることができる」ようになると、行動の選択肢が増えます。**

「あの子、今ちょっと大変そうだなあ。手伝ってあげようかなあ」と思っても、「いやいや、今は私だって大変なんだ。自分の仕事をまずは優先しよう」と気持ちが切り替えられたり、気疲ればかりして本当は参加したくなかった職場の飲み会をキャンセルできたりするのです。

「時には冷たい態度をとっても良し」

この許可を自分に出してあげましょう。

人に期待しない、というアプローチ

これも「冷たい人になる」という考え方と似ていますが「お察し上手」な人は、第1章でお話ししたように、無意識に相手にも同じことをしてもらいたいという「期待」をしてしまいます。

人と自分は違うと頭ではわかっているけれど、つい、「私があなたの気持ちを察しているように、あなたも私の気持ちを察してほしい」と期待してしまうのです。

だから、そこであえて「人には期待しない」という考えを意識してみるのも、人間関係をかえって円滑にする秘訣になるのです。

「人に期待しない」というと、本当に人に興味のない人のように思えます。

けれども、もともと察するのが得意なあなたにとっては、むしろ、「相手の反応にかかわらず自分を貫きます」という宣言になるのです。

相手の気持ちを察して行動して、全然相手が期待通りの反応をしてくれなかったら、やっぱり報われない思いや相手への怒りを感じます。

しかし、私たちはその行動をする前から実は「相手が喜んでくれるかな？　感謝してくれるかな？」という期待を持っているんですね。

つまり、「相手が喜んでくれるし、感謝してくれるだろうから、相手の気持ちを察して行動している」という部分が少なからずあるものです。

そこで「人には期待しない」という宣言をしてみます。

そうすると、「相手が喜んでくれようがくれまいが、やりたいときはやる」という姿勢がつくられます。

相手の気持ちを察して行動することが、自分がしたいからやる、という自分軸な行動に変わるのです。

これは意外と人の気持ちを察してしまうクセを改善することにつながるかもしれません。

好きなもの、したいことを"大量に"リストアップ

場の空気を読んで行動すると、どうしても自分の気持ちよりも周りの空気を優先するようになってしまいます。

友だちとご飯に行くときも「何、食べようか?」という話題になったときに、ついみんなが喜びそうなものを言おうとしてしまうものです。

もちろん、それが自分にとっても嬉しいものであればいいけれど、「今日はちょっと和食がいいんだけどなあ」という気分のときに「やっぱりイタリアンでしょ!」と場の空気に合わせてしまっては、心の底から楽しめなくなりますよね。

人の気持ちをあれこれ考えることは得意だけど、自分の気持ちを表現することは苦手……という人は、一人になっても周りの人のことを考えてしまうクセがついているのかもしれません。

「あのとき、こう言えばよかったかな」

「なぜ、あの人はああいう態度をとったのだろう」

「自分の何がいけなかったのかな」

などと、〝一人反省会〟ばかりしていませんか。

人の気持ちを「他人軸」で察するクセがある人は、なかなか自分自身と向き合う時間すら取れていないことが多いのです。


そうしたクセをゆるめて、自分のことを優先していくために、「好きなものリスト」や「したいことリスト」をつくるワークをおすすめします。

私が好きなもの。私がしたいこと。

その2つにこだわって箇条書きで書いていきましょう。

「他人軸」で長らく生きていた人は、最初はなかなか書けない人も多いです。

自分が好きなものを書いているつもりで、気が付けば、みんなが喜んでくれそうなものばかりを書いていた、という人もいらっしゃいました。

好きなもの、したいことは、どんなことでも構いません。

食べ物でも、場所でも、アイドルでも、ファッションでも、旅でも、何でも構いません。

できるだけたくさん書き出してみます。

コツとしてよくお伝えするのが、両方合わせて「年齢×10個」ほど書き出すというものです。たとえば32歳なら320個ですね。

好きなもの、したいことをたくさんリストアップしていく作業は、自然と心を明るく、前向きにしてくれる効果があるのと同時に、自分がどんな人間かを知るにも役立つものです。

私のセミナーでも何度かこうしたセッションをしたことがあるのですが、ある人は自分が書き出した好きなもののリストを見て、

「私って、やっぱり『語学』や『人とのコミュニケーション』が好きなんだな、と気付きました。それから、グルメや旅行に関するものもたくさん出てきました。だから、いつも海外のことばかり考えているんですね」

とおっしゃっていました。

そして、もう一つ、このワークの狙いがあります。

仮に好きなことを300個探すのに、どれくらい時間を必要とするでしょうか。

1日10個見付けても30日です。

つまり、**自分が好きなこと、したいことを考える時間が格段に増えるのです。**

「自分が好きなものは何？　私がしたいことって？」という意識で30日間過ごせたら、自然と自分の好きなもの、したいことを見つけようというクセがつきます。

つまり、好きなことを探すことを習慣化できるのです。

人の気持ちを察することが得意なあまり、自分の気持ちを見つめてこなかった人は、きっと最初すごく苦労すると思いますし、なかなか好きなこと、したいことが見つからないのです。

けれども、根気強く続けてみてください。

きっと好きなものを次々思い出したり、見つけられるようになります（「お察し上手」の人は「人が好き」なことは間違いないと思いますが）。

ほしいものを言うリハーサルをする

ほしいものを素直に言うことが恥ずかしいどころか、相手の迷惑になると思っていることはありませんか？

もっというと、「欲張りと思われるんじゃないか？」「へー、そんなものがほしいんだ」とバカにされるんじゃないかと思っていませんか？

「お察し上手」な人は自分の気持ちより人の気持ちを優先したり、相手がどう思うかを考えてしまうクセが付いていたりするので、ほしいものを伝えることが苦手になってしまいがちです。

恋人から「誕生日プレゼントは何がほしい？」と聞かれても、相手が好きそうなものを考えたり、相手任せにしたり、相手の懐具合をつい測ってしまったり、しまいには「何もいらないよ」と断ってしまったりするのではないでしょうか。

もし、あなたが周りの人から**「いい人なんだけど、何を考えているのかわから**

ない」という評価を得ているとするならば、よほどあなたは自分がほしいものを言わない主義に徹してしまっているのかもしれません。

しかし、人はあなたのように、気持ちを察することができる人ばかりではありません。ほしいものをほしいと言わないと、その思いが伝わらないのです。

かつてはそうした謙虚な姿勢をとることが賞賛された時代もありましたが、今はちょっと違います。**「欲のない人」という評価が必ずしもポジティブな意味を持たなくなっているのです。**だから、もし、ほしいものがあるならば、それを声に出して言うことが求められる時代です。

それは決して恥ずかしいことでも、欲深さを表すものでもありません。ごくごく自然な、当たり前の態度なのです。

では、どうしたらほしいものをほしいと素直に言えるようになるのでしょう？

そういう人にはまず〝リハーサル〟をお願いしています。

コミュニケーションは「スキル」です。語学などと同じく、何度も繰り返し学習することでスキルが磨かれていきます。だから、「ほしいものをほしい」とはっきり伝えるコミュニケーションにもワークが役立つのです。

毎日、鏡に向かって1分だけでも「私は○○がほしい」「○○がしたい」と声に出してみましょう。

女性ならばメイクをしたり、お風呂上がりに髪を乾かしたりする時間を活用するといいですし、男性ならば歯磨き、もしくは、朝、服を着て鏡を見る時間にそれを採り入れてもいいです。

また、**ツイッターなどのSNSやブログで、ほしいもの、好きなものをひたすらつぶやき続けることも、ほしいものを「ほしい!」と言う練習になります。**

声に出すのも、ツイッターにつぶやくのも、内にある気持ちを表現する練習です。これは他のコミュニケーションにも応用できるものですから、ぜひ、やっていただきたいと思います。

私のとあるクライアントさんに、ツイッターの非公開アカウントを作成し、好きな人に告白する練習、将来叶えたい夢、今年中に手に入れたいものなどをひたすらつぶやき続けてる人がいます。

しばらくは何も効果を感じなかったそうですが、あるときから人と話をするのが不思議と楽になったと報告してくれたのです。

もちろん、「そもそも、ほしいものがわからない」「ほしいものがない」という人もいらっしゃるでしょう。

人が喜びそうなものばかりを望んできた場合、自分が本当にほしいものについて考えることはいつも抑圧されてしまいます。

そうすると、いざ「何がほしいのか?」と問われても、答えが見つかりません。

そういう人には前項の好きなもののリスト、したいことリストを作成することをおすすめします。

時間をかけても構いませんので(それくらい重要なことなんです!)、「好きなことは何だろう? 何がしたいんだろう?」と自分の心に問いかけ続けましょう。

きっとぼやけていた視界が明確になるように、好きなものが見えてきて、ほしいものがわかってくるようになります。

嫌いなことは克服せずに、受け入れる

好きなものをリスト化していくうちに、自分の好みの傾向についてある程度はっきりとしてきます。

それと同時に「嫌いなもの」「興味のないもの」についても何となくわかってくるかもしれません。

今回はその「嫌いなもの」について、意識を向けてみましょう。

人の気持ちや場の空気を読むことがクセになっていると、NOという意思表明をしたり、「それは嫌い」という態度を表したりすることにとても敏感になると思います。

もし、「私、それ嫌いなんだよね」なんて言おうものなら、相手の気分を害し、場の空気を乱してしまうと考えるからです。

だから、嫌いなことでも我慢して付き合ってしまうこともよくあることではないかと思うのです。

しかし、そうして犠牲的な態度をとっても、実はあまり周りから評価されることはありません。

もし、**あなたの演技が上手く、嫌なことをしているのに、そうとは悟られない態度をとっているとするならば、むしろ、「それが好きなんじゃないか?」と周りから誤解されることすらあるのです。**

そうすると、だんだん人付き合いそのものがしんどくなってきて、引きこもりたくなるかもしれません。

ある女性はカラオケがあまり好きではありませんでした。

しかし、職場の人たちはカラオケが好きで、飲みに行くと必ず二次会はカラオケ。彼女はふだんから明るくて慕われているので、飲み会でも率先して場を盛り上げます。ただ、二次会のカラオケも、無理して付き合っていました。

ですが、そのうち、だんだん飲み会に行くことが億劫になるばかりか、会社に行くことも気が重くなっていました。

人の気持ちを察して動く彼女は、職場でも仕事を抱え込むことが多く、いつも忙しくしていました。その上に飲み会でも頑張って周りを立てているわけですから、彼女としては相当犠牲を重ねていたのです。

そんなあるとき、思い切って二次会を断ることにしました。

「ちょっと今日は疲れてるので、お先に失礼します！」と、明るく言ってその場を後にしたのです。

同僚たちからは「帰るの？　もうちょっといいじゃん」なんて言われましたが、「すいません！　今日は帰ります！」と頑張って意志を通したのです。

そしたら、その帰り道の気持ちのなんと軽いこと。思わず自宅近くの居酒屋に寄って一人二次会を楽しんだそうです。

翌日、職場で先輩に「昨日は先に帰っちゃってすみません」と謝ったら、先輩は「いいよ、いいよ」と軽い返事。そうして彼女の気分はますます軽くなっていったのです。

それ以来、彼女は飲み会が終わると嫌いなカラオケには行かずにさっさと帰るようにしました。「なんだ、こんなことならもっと早く行動していればよかった」と思うほどだったのです。

好きなものを好き、嫌いなものを嫌いとはっきりさせることは彼女が体験したように「驚くほどに心を軽くする効果」があるのです。

いい人ほど「嫌い」なことを認めることに罪悪感を覚えたりします。嫌いであることがいけないような、申し訳ないような気持ちになってしまうのです。

しかし、好きなものがあれば、嫌いなものも当然あります。それは自然現象ですよね。だから、みんなが好きなカラオケが嫌いだって、全然おかしいことではないのです。

それを無理して付き合ったり、嫌いなことを克服しようと頑張ったりするのは自分の首を絞めることになるものです（もちろん、嫌いなことを克服することに前向きな気持ちがあるならば全然大丈夫です）。

だから、嫌いなものは嫌いでいい、とはっきり自分に許可してあげましょう。

それを好きになる必要もなければ、無理して隠すこともないのです。

「嫌いなものは嫌い」と態度に表すのは勇気がいりますが、まずはそれを自分が認めてあげることが最優先です。これは「自分軸」を確立するのにもとても役立つ方法ですから、ぜひ意識的に取り組んでみてください。

「これが嫌い」「こういう態度が嫌い」「ああいう言い方は嫌い」「あの人が嫌い」。**そんな気持ちを素直にノートに書き出してみてください。**嫌な気持ちになったり、自己否定したくなるかもしれませんが、どんどん正直になっていく自分を感じられると、肩の荷が下りるのが実感できると思います。

そうして、嫌いなものを嫌いでいいと受け入れられたら、その後に伝え方を考えましょう。**「どんな風に伝えたら、相手の気分を害さずに自分の意志を通せるかな？」ということを意識して取り組んでみてください。**

「ごめんなさい。実は私、カラオケが苦手で。あの場がどうも自分に合わなくて楽しめないんです。それだとみなさんにご迷惑をかけますから不参加でもいいですか？」

「私、こう見えてカラオケがダメなんです。だからすみません！　お先に失礼します！」

こんな表現をさらっとできたら素敵ではないでしょうか。

自己アピールのポイントは「本音」

「お察し上手」な人は、周りに黙ってそっと行動しようとするものです。

「今、大変なんでしょう？　手伝ってあげるよ！」と後輩の席に近付いていくことはせず、何かのついでにそっと後輩の元に行って「今、大変なんでしょ？　手伝ってあげようか？」とささやくほうが得意です。

しかし、今までもお話ししてきましたが、あなたのそうした気遣いや態度はなかなか相手に伝わらず、あろうことか裏目に出てしまうこともあるものです。

第1章で紹介したSKさん。彼の仕事が忙しいために疲れてるのかな、と気遣って「今週は無理に会わなくてもいいよ」と伝えたところ、彼は不機嫌になってしまいました。

そこで「今週、仕事が忙しくて疲れているんじゃないかな？　私は会いたいんだけど、もし、疲れていて私に会うのがしんどいな、と思ったら、そう言ってね」という伝え方を提案しました。

「お察し上手」な人は、相手の状況や気持ちを先読みして出た「結論」を伝えてしまうものです。

それが「今週は無理に会わなくてもいいよ」というセリフなのですが、それを聞いた彼がSKさんの気持ちを正しく汲み取って「ああ、僕が忙しいからそんな風に気を遣ってくれたんだな。やさしい彼女だなあ。ありがたい！」と思ってくれることは残念ながら現実世界では非常にレアケースです（苦笑）。

むしろ、「え？　僕に会いたくないの？」と誤解されてしまうことのほうが多いのです。そこから話がこじれてしまうことも珍しくないですよね。

ここでも、相手は自分ほど人の気持ちを察するのが得意ではない、ということを思い出しましょう。

少々面倒に感じるかもしれませんが、彼の状況を考えて「無理に会わなくてもいいよ」と言ったことをちゃんと伝える必要があるのです。

私もカウンセリングの個人セッションなどで「お察し上手」の人によくお会い

します。本当にその場の空気をよく読んでいて、相手の気持ちを考えていらっしゃいます。思わず「すごいなあ、そこまで考えているんだ」と驚くこともよくあるのです。

でも、**肝心のコミュニケーションになると、その察していること、考えていることは飛ばして、いきなり結論のみを伝えてしまっていることが多いのです。**

「お察し上手」な人は控えめなので「私はあなたのことをこれだけ考えているんだよ」と伝えることが苦手なのかもしれませんが、それを伝えることがすごく大切なのです。

だから、「今、話してくれた思いをそのまま彼に伝えることが大事なんですよ」とアドバイスすることが本当にたくさんあります。

「今週、仕事が忙しくて疲れているんじゃないかな？　私は会いたいんだけど、もし疲れていて私に会うのがしんどいな、と思ったら、そう言ってね」という言葉なら、会いたくないというニュアンスは強くありません。

だから、まずは「私の本音をきちんと伝える」という姿勢を意識してください。

元気でなくても、前向きな言葉を選ぶ

あれこれ察しながら動いて、空気も読んで何も言わないようにしているのに全然気付いてくれない上司や友人など、こちらの気持ちを察しない周りの人たちに対しては、より強めのアピールをしていくことがおすすめです。

その際のポイントは、明るさと前向きさです。

元気に言わなければいけない、というわけではありません。前向きな気持ちで話すことがポイントなのです。

第1章に登場した、パソコンが苦手なのに社内講習に参加したMYさん。「みなさん、子どものお迎えもあるし、大変ですよね？　私、パソコンがとっても苦手なんですけど、頑張って行ってきます！」と宣言することをおすすめしたのですが、これを「仕方がないから私が行きます」という風に言ってしまったら、場の空気は変になりますよね。それはMYさんも望んでないことだと思います。

けれど、その言葉を明るい調子で、前向きに伝えると、みんなはホッとすると同時に、MYさんへの感謝に変わります。

同じく第1章で紹介したISさんのように、シングルマザーのお姉さんばかりが評価されてるのは理不尽だし、頑張ってるのに全然認めてもらえなければむなしくなってしまうでしょう。

その嫌な気持ちを感じながら「私だって頑張ってるのに評価してよ」とか「楽してるわけじゃなくて私だってしんどいのよ!」と言ってしまうと、相手は攻撃されたと感じて防衛的な態度をとってしまうものです。

もちろん、ずっと我慢してきて、その限界が来て爆発してしまったのであれば、それもまた悪いことではありません。そのときは私もISさんに「よく言った!」と拍手を送りたいと思います。

けれど、まだ心に余裕があるならば、もう少し上手な言い方もできると思うのです。

「お姉ちゃんも大変だけど、私も家のこと頑張ってやっていて偉いでしょ?」とか「私、楽してるように見えるのは演技なのよ。ほんとうはけっこうしんどいんだからね」と明るく表現することができたら、周りの人は安全にその言葉を受け止めることができます。

みなさんも「私はそういうキャラじゃないから」なんて思わないでくださいね。 何度も繰り返しますがコミュニケーションはスキルです。経験と共に上手くなっていくものです。逆に言えば最初からうまくいくことはありません。

だから、最初はキレてしまったり、嫌みになってしまったり、場の空気を乱してしまうことがあったりしても全然問題ないと思います。**人の気持ちを察することについては名人級でも、自分の気持ちをアピールするのは初心者マークなんですから、最初はそれでもいいのです。**

むしろ、言えた自分に拍手を送ってあげてほしいとすら思います。

そして、だんだん慣れてくると明るく、前向きな言葉で伝えられるようになります。そのときに、おすすめするのがＩＳさんの例でも紹介した「偉いでしょ？」とか「褒めて」という言葉を最後に伝えること。

「私、○○部長が忙しいと思って、先方への根回しをやっておいたんですよ。偉いでしょう？」「私、あのとき、あなたが余裕なくてイライラしてるなあ、と思ったから、ほんとは甘えたかったんだけど我慢してそっとしておいてあげたんだよ。褒めて」という風に。

こういう言葉も鏡の前で練習することもおすすめですが、まずは、そういう気持ちになっていないと言えないですよね。

だからこそ、察して行動している自分をちゃんと自分で評価して、承認してあげることが何よりも大切なのです。

だから、最初は独り言でいいです。

「私、家族みんなのために頑張ってやってるよなあ。認めてもらえないし、お姉ちゃんのほうが大変だって思われるけど、私、ほんとよく頑張ってるよなあ」と。

その独り言を何度も何度も言っているうちに、だんだんその言葉が口に馴染み、ふっと人に対しても言えるようになります。

もちろん、自己アピールは直接言葉で伝えなくても、メールやラインなどで伝えたっていいです。でも、少なくとも伝えなければ伝わらない、という原則を忘れないでおきましょうね。

「お願い」「頼み」「甘え」で、人間関係は楽になる

「お察し上手」な人は、周りの人が気付く前に気付いてさっさと処理してしまいます。

また、仕事ができる人（でも、自覚はないことが多いけど）も多いので、自分がやるべきことはある程度自分ひとりでできてしまいます。

そして、**色々と人に気を遣ってしまう分、「お願いする」「頼む」「甘える」はまるで「禁止事項」のように苦手なことになってしまいます。**

「人に頼むより自分がやったほうが早い」「お願いすると迷惑じゃないかな？」「相手だって大変なんだし……」と考えがちな人は要注意です。何でも一人で抱え込んでしまうクセ付けが始まっています。

人の面倒ばかり見て、自分のことは誰にも手助けさせない人は、周りからは、「あの人は大丈夫。自分で何でも処理できる」

として信頼される一方で、「私なんかよりずっと仕事ができる人」として、周りから一線を引かれてしまうことも珍しくありません。

そういう状況になってしまうと、いざ、何かをお願いしても「いや、私には無理です」と断られてしまったりします。

それを見てみなさんはつい「やっぱりお願いしないほうがいいのかな」と思ってしまいます。

ただ、そうして一人で抱え込むのもつらいし、余裕もなくなってしまいます。

「あの人はできる人」なんて認識を持たれると、仕事で結果を残しても周りからは「当然」と思われて、これまた報われない状況を招いてしまうかもしれません。

「お願いする」「頼む」「甘える」……これらは相手に迷惑をかけたり、負担を増やしたりすることではありません。

相手を頼ることで、その人に自信を与えたり、自分の存在価値を認識させたり、役に立つ喜びを教えたり、与えることの喜びを知るきっかけを与えたりすること

になるのです。

だから、お願いしたり、頼んだり、甘えたりするのは、決してネガティブなことではないのです。

もし、あなたに後輩や部下がいるなら、なおさら彼らを育てることにもつながります。また、お願いしたり、頼ったりすることで、より心の距離が近づくので、職場の雰囲気が良くなっていきます。

「お願いする」「頼む」「甘える」というのは、人間関係を育てる〝栄養剤〟なのです。

そこで、「一人でやってもいいのだけど、誰かに手伝ってもらったほうが楽だな、効率的だな」と思ったとき、「お察し上手」の能力を利用して「この人になら、これを任せても大丈夫」という同僚を探してみましょう。

その人が今できることを考えてみて、あなたの役に立たせてあげるのです。

それは時には固いペンのキャップを開けてもらうことかもしれないし、最近流行っているスイーツを教えてもらうことかもしれないし、書類の整理整頓だったりするかもしれません。

それを「私がやったほうが早い」とか「自分で調べたほうがいい」などと言わずに、ちょっとその役を誰かに譲ってあげてみてください。

そうして、徐々にお願いしたり、頼ったりするワークをしていくと、適切な甘え方が身につき、本当に大変な仕事を手伝ってもらえるようになります。

とことん自分を甘やかしてみる

「お願いする」「頼む」「甘える」は、どれも苦手だと感じる人も多いと思うのですが、「とことん自分を甘やかしてみる」ワークを試してみましょう。

- いつもきっちりしていたメイクを手抜きしてみる
- 朝ご飯をコンビニのパンで済ましてみる
- 始業時間ギリギリに会社に入る
- 仕事のペースを半分まで落としてみる
- お昼ご飯をちょっと奮発する
- お菓子を仕事中にふだんより多く食べる
- 定時で帰って、晩ご飯の他に好きなスイーツを食べる
- 話題のカフェでお茶やワインを飲んでから帰る

……など何でも構いません。

これが人に気を遣いすぎたり、周りの空気を常に察してしまったりする人には、いい意味での「息抜き」になります。

「お察し上手」な人ほど実は常に緊張状態にあり、まるでレーダー探知機のように周りの様子を窺うことがクセになっています。

それをあえて崩して、自分をリラックスさせるために、こうした「今日は自分を甘やかす」という日をつくってしまうのです。

いきなり、毎日やるのは抵抗があると思うので、週に1日、たとえば、水曜日あたりに**「今日は自分を甘やかしてあげる日」と勝手に決めて、プライベートでも、仕事でも、自分を甘えさせてみます。**

ある女性が、私の提案に従って毎週水曜日は「とことん自分を甘やかす日」にしました。

この日は、後輩が困ってるなあ、と思っても手伝わないようにしたり、部長が仕事を誰かに頼みたそうにしていても忙しいフリをしてスルーしたり、いつもはきちんとお弁当をつくっていくのですがその日ばかりはスーパーのお惣菜にしたりするようにしました。

「とことん」というのは難しかったそうですが、意識的にそう振る舞うことで明らかに変わったことがありました。

その一つは「視野が広がる」ということ。

明日に持ち越してもいい仕事は後回しにして、どうしても今日中にやらなければならない仕事だけに集中してみたら、いつもはバタバタしているうちに午前中が終わっていたのに、その日はむしろ長く感じたそうです。

その分だけ、今まで以上に周りの人のことがよく見えてきたそうです。彼女も空気を常に読んでしまうタイプだったので、それまでも周りの人のことはよく見ていたはずなのに、今まで気付かなかったことにいくつも気が付いたそうです。

「あれ？　今までは見ているようで見てなかったのかな？」と不思議に思ったほどだったといいます。

また、明日でもいい仕事を後回しにすることで、いかに今までの自分が仕事を抱え込んでいたのかがよくわかりました。

「今日やらなくてもいいことを頑張ってやって、それで余裕をなくしてたことがよくわかったんです」

彼女はスッキリした顔でそう言いました。

だから、そうした仕事のやり方をその他の日にも採り入れるようにしたのです。

もちろん、時には残業する日も出てきましたが、今まで以上に余裕があり、気分的にもとても楽になったそうです。

そして、**「今までの私はずいぶんと空回りしていたんだろうと思います」**としみじみと語ってくれました。

周りに気を遣い、振り回されていた彼女が、自分を甘やかしてみることで、「自分軸」を取り戻せたのかもしれません。

ちょっと勇気のいる一歩かもしれませんが、「自分をとことん甘やかしてみる」のはやってみる価値がありそうですよ。

自分へのご褒美を欠かさない

「あなたは最近、どんなご褒美を自分にあげましたか？」

周りに気を遣いすぎている間は「他人軸」ですから、自分に何かを与える余裕はありません。場の空気を読んでいる時も、その情報収集に余念がありませんから、自分にご褒美を与える前に疲れてしまうものです。

年に1回くらい、海外旅行、とか、ほしかったバッグなどを与えてあげているかもしれませんが、**もう少し日常的なちょっとしたご褒美を与えてあげましょう。**

あなたは自分が喜ぶものが何か知っていますか？

ケーキやお酒でもいいし、カフェでゆったり過ごす時間でもいいし、お風呂にゆっくり入ることでも構いません。

ふだんできることで、自分が喜ぶことを「ご褒美」という大義名分のもとで与えてあげてみるのです。

「自分に与えたものが、人に与えられるもの」とよく言います。
自分を喜ばせてあげられなければ、本当の意味で人を喜ばせてあげることは難しいのです。

「他人軸」になって周りの空気を読んでしまうときは、確かに周りの人の喜ぶことをしているのかもしれませんが、あなた自身が喜べていません。

そうすると、周りの人は笑っていても、あなたは笑っていないわけです。もちろん、笑顔をつくっていても、心は笑えません。そうすると、その空気は周りの人に確実に伝わっていくのです。

その場は何とかバレずに済むかもしれません。

しかし、**同じメンツで毎日仕事をするような関係だとすると、それがだんだん隠し通せなくなっていくんですね。**そうすると、あなたは知らず知らずのうちに、その場で浮いてしまうようになるのです。

ですから、まず、自分に与える。そして、自分を喜ばせる。この法則をぜひ忘れないでください。

自分に「与える」ためには、まず、1日の中で、ちょっとした「ご褒美」を選

ぶ楽しさを知ってください。

そして、それを自分に与えることに罪悪感を持たなくてよいことも意識してみてください。

どれくらい心が緩むか、自分のことを褒めてあげられるか、ホッと安心するかを実感してみてください。

特に周りの人に気を遣いすぎて疲れたなあ、という日はちょっと豪華にしてもいいです。そうして、自分を喜ばせてあげることを意識的に毎日していきます。

これを1か月続けてみてください。

私のおすすめは「簡単にできる自分が嬉しいことリスト」をつくることです。

それはいわば、レストランでいうメニュー。朝、もしくは、お昼休みに見て、今日はどんなご褒美をあげようかを決めます。

それだけでその日の気分も変わります。

そして、自分が喜ぶタイミングと方法で、そのご褒美を自分に与えてあげましょう。

ぜひ、そのときの自分の気持ちに意識を向けてみましょう。

それを1か月続けてみて、どんな変化が起きたのかをチェックしてみましょう。

もちろん、良い変化は意識的に見つけなければなかなか見つからないものです。

そして、良い気分になれたら、これをさらに続けてみましょう。さらに1～2か月続けてみると、人間関係にも変化が生まれています。

あなたは「自分軸」を確立し、自分を喜ばせることを日常化しているため、気分も変わり、表情すら変化しているでしょう。

そして、そんなあなたと出会う周りの人たちにそれが伝わり、望ましい変化が起きているのです。

ぜひ、試していただきたいワークです。

第5章

「いま、とっても幸せ！」と気づく

嫌われるおそれを手放す

「人に嫌われてもいい」という言葉を、まずは20回つぶやいてみてください。

どんな　気持ちがするでしょうか？

ざわざわしますか？

それともスーッと気分が軽くなりますか？

もし、気分が軽くなる方はこの言葉がちょうど役に立つタイミングです。毎日意識的に30〜50回ほどつぶやいてみることにしましょう。

1か月ほどで人に対して感じている壁がなくなっていることに気が付けるでしょう。

もし、この言葉に抵抗がある方は少し、心の中を整理してみましょう。

「人に嫌われると困ること」をできるだけたくさん書き出してみます。最低でも10個は書き出したいところです。

・孤立して寂しい思いをする
・誰からも相手にされない
・嫌な噂を流されてみんなからバカにされる
・困ったことが起きても誰も助けてくれない
・一人ぼっちで毎日がつまらなくなる

などなど。書き出しているだけで心が沈みそうになるかもしれませんが、そこはちょっと頑張ってくださいね。これを書き出すだけで心が軽くなる人もいます。

もうこれ以上は浮かばないな、と思ったら、検証作業に入りましょう。

「なぜ、そう思うの？　なぜ、そうなることを知っているの？」という問いを自分自身に投げかけていきます。

「人から嫌われると孤立して寂しい思いをするってなぜ知っているの？」と自分の心に問いかけるのです。そうすると、**過去に嫌われて寂しい思いをし**

た体験が思い浮かんだり、あるいは、そういう目にあっている人を目の当たりにしていたり、あるいは、そういう話をよく耳にした思い出が脳裏に浮かんでくることと思います。

それを忘れないようにメモしておきましょう。

これをリストアップしたすべての「嫌われて困ること」に対して行います。

もしかすると、過去のいじめなどの体験がクローズアップされるかもしれないし、お母さんとの関係など、特定の人物が浮かび上がってくるかもしれません。

嫌われたくないという気持ちが強いときは、心の傷がうずいているときです。

怖れは防衛本能の役割を持っていて、過去に痛い思い、つらい思いをした経験を回避するために湧き上がってくる感情です。

だから、それだけ心の傷が今も生々しく残っているのかもしれないのです。

そうした過去のつらい経験を癒やす方法には様々なものがあります。

たとえば、その出来事を詳しく思い出してノートに書き出したり、カウンセラーに話を聞いてもらったりします。それだけで心がすっきりすることも少なくありません。

「話すことは放す（離す）こと」と言われるように、つらい経験もそれを誰かに共感してもらうことで解消されていくものです。

あるいは、「それはもう過去のことだよね」と認識することで、徐々にそのうずきが治まっていくこともあります。

小学生時代に受けたいじめの思い出が今もつらく感じられるのであれば、それは小学生のときに起きた過去の出来事ではなく、今現在起きている出来事として心は捉えている、ということです。

つまり、**いじめっ子とはすでに疎遠になっていても、自分で自分をいじめていたり、周りの人の発言をいじめっ子の発言のように受け取ってしまったりしていて、いまだにいじめが続いているのです。**

だから、「ほら、もういじめは起きていないよ。あのいじめっ子たちはもうここにいないよ」と自分に語りかけ続けることで心が軽くなることもあります。

このとき、特定の人との関係が浮かび上がってくるのであれば、その人と心の中でちゃんと向き合ってみましょう。

もしかしたら、その人に対してまだ「他人軸」でいる自分がいるのかもしれません。

私がよく提案する方法に**「出さない手紙」**というワークがあります。その特定の相手に対して今思っている素直な気持ちをお手紙形式で書いてみるのです。

1度で終えず、週に1回、1〜2か月ほど続けてみると、心の中に占めるその人の割合が減り、その分だけ心が軽くなるのです。

こうして「嫌われたくないという気持ちが生まれる原因」を取り除いていく方法も効果的です。

また、ちょっと刺激的な方法かもしれませんが、冒頭で紹介した**「人に嫌われてもいい」というアファメーションに加えて、その嫌われた結果の心境を言い換える方法**です。

これはインパクトも大きいのですが、その分、効果も期待できる方法です。すなわち、

・孤立して寂しい思いをしても大丈夫！
・誰からも相手にされなくなっても大丈夫！
・嫌な噂を流されてみんなからバカにされても大丈夫！
・困ったことが起きても誰も助けてくれなくても大丈夫！
・一人ぼっちで毎日がつまらなくなっても大丈夫！

という風に**「〜になっても大丈夫！」という言葉で言い換えるのです。**抵抗を感じるかもしれませんが、その分、意識を変えるのに大きく役立ちます。

ただし、あまりに抵抗がきつかったら逆効果になるのでやめましょう。

嫌われたくないという気持ちを手放すと、「嫌われても大丈夫」という思いが出てくるだけでなく、「自分が嫌われるという発想がなくなる」という状態になります。

自分が人から嫌われることが想像できなくなるのです。この状態って、ある意味最強だと思いませんか？

みなさんもぜひ自分がそうなった状態を想像してみてください。

ちなみに、これを想像することもまた、効果があるんですよ。

そしてこの章で紹介するあらゆるワークは「嫌われたくないという気持ち」を手放す効果もありますので、ぜひお気に入りを見つけて実践してみてください。

あなたが愛されている証拠を探す

あなたは、今すでに無条件に愛されるにふさわしい存在です。

けれども、人に気を遣い、場の空気を読み、誰かのために頑張っていると、いつしかそんな大切なことを忘れてしまうものです。

ここではあなたが愛される価値が十分にあることを思い出すワークに取り組んでみたいと思います。

それはシンプルに「自分が愛されている（愛されていた）証拠を見つける」というものです。

今の人間関係を振り返ってみましょう。

また、今まで出会った人たちを思い出してみてください。

そうした中からあなたが愛されている証拠、愛されていた証拠を探してみます。

誰かからやさしくされたこと。

誰かに助けられたこと。

誰かに支えてもらったこと。
誰かとのつながりを感じていたこと。
誰かからちゃんと見守られていたこと。
誰かから愛されていたこと。

「愛されていない」ではなく「愛されていた」という前提で自分の人生を振り返ってみます。

このワークも1か月ほど続けてみると効果がわかりやすくなります。

1か月ほど続けると「前提」が変わるのです。

「愛されていない」という思い込みが「愛されていた」という思い込みに変わります。それは人生を揺るがす大きな変化をあなたに与えてくれるかもしれません。

ある人は、このワークに必死に取り組んでくださいました。

親からあまり愛されず、学校でも一人ぼっちで早く大人になりたいと願っていた女性です。社会人になってもいわゆるブラック企業ばかりに勤め、恋愛でも失敗続き。

しかし、彼女もまたそんな中で自分を愛してくれた人たちを思い出したのです。

小学校3年生のとき、保健室の先生がやさしく話を聞いてくれたこと。転校先の学校で、隣の大人しい女の子が休み時間に話しかけてくれたこと。高校時代、学校帰りに寄った喫茶店のマスターがいつも気にかけてくれていたこと。東京に住む親戚のおばさんが電話をかけてくれたこと。大学時代に好きだった男の子がちゃんと彼女を大切にしてくれたこと。コンビニの店長が残業帰りで疲れているところを笑顔で励ましてくれたこと。週に1度行く近所のバーのマスターが何も言わずに話を聞いてくれたこと……。

「ああ、ちゃんと私、愛されていたんだ。一人ぼっちだと思っていたけど、全然一人じゃなかったんだ」

そんな気付きは彼女の人生をどんどん好転させてくれました。今、彼女はパートナーと幸せな夫婦生活を営んでいます。

「愛されている証拠を探す」ということで、「愛されていたんだ」という見方が生まれ、前提が変わり、人生も変わっていくのです。

「あの人」の愛し方を知る

私たちにはそれぞれ「愛し方」があります。

しかし、私たちは自分が望んでいる愛し方で愛してほしいと思っているので、往々にして愛を受け取れないことがよく起きるのです。

ある人は「ストレートな言葉」で愛を表現します。これはわかりやすいですね。

けれども、ある人は遠回しな言葉で愛を示すこともあります。恥ずかしさや罪悪感などの理由で素直に愛の言葉が言えず、口を開けば否定的な言葉が出てきてしまうタイプです。

また、ある人は「モノ」で愛を示します。何かとプレゼントしてくれたり、お金を出してくれたりすることが愛情表現なのです。

「父親はわかりやすい愛情表現はしてくれなかったけれど、私の進学には一切口を出さず、黙って学費を出してくれた」というケースです。

それから「尽くす」という愛し方をする人も日本人には多いかもしれません。

あれこれ世話を焼く、面倒を見ることで愛情を示そうとするのです。時には過干渉な一面も見えますが、これはまだわかりやすい愛し方かもしれません。

そして、**遠くから見守るという愛し方をする人もいます。**一見、自分に何も興味がないような振る舞いをしながらも、実はとても気にしています。

やはり静かなお父さんタイプに多い愛し方ですね。「家ではあまり口もきかなかったし、いつも自分の世界に閉じこもっているタイプのお父さんだったけど、お母さんを通じて私の学校のこととか、進学のこととかを聞いていたようで、実は私に関心があったんだ、と気付いたのは大人になってからでした」という話を聞くこともよくあります。

「心配する」という愛し方をすることも珍しくありません。

「あれ大丈夫？　ちゃんとやってる？」と心配症かと思うくらいあれこれ口出しをしてくるのでウザいのですが、実はそれが愛情表現なのです。これはどちらかというとお母さんに多い傾向がありますね。愛情とわかっていてもちょっと鬱陶《うっとう》しい感じがするかもしれません。

それと似ていますが**「我慢する」「黙ってついていく」という愛し方をとる人**

もいます。夫の転勤や転職、独立に反対することなく「あなたが良ければいいのよ」とついてきてくれる奥さんなどに多いかもしれません。ある男性は独立して会社を立ち上げてとても苦労したときに奥さんがまったく協力してくれなかったように感じていて、一時は離婚も考えたそうです。

でも、あるとき、偶然に、仕事が猛烈に忙しい自分に迷惑をかけまいと、子どもたちを一人で抱え、生活費も切り詰めていたことを知り、彼は愕然としました。

最近はスキンシップをよく取ってくれる両親も多いのですが、**触れ合うこともまた愛情の示し方**です。

これもまた「あの人の中には愛がある」という前提で見ないとなかなか見つからないことが多いものかもしれません。

私の母親はわかりやすく言葉でも態度でも愛情を示してくれる人なので、愛されてる実感を持つことはできましたが、父親はその育った境遇からも愛情表現がまったくできない人で、子どものころは愛されているのかどうかわからなくなっていました。

しかし、大人になって心理学を学ぶようになり、父親なりにあちこちに連れて行ってくれたり、色々と遊んでくれたりしたことを思い出しました。さらに離れてから何十年経っても子どもたちのことを気にかけてくれていて、死の床でも私の話をしていたと聞いたときは、本当に自分は愛されていたんだと胸が熱くなったものです。

さて、**あなたの周りの人、そして、あなたのご両親やパートナーはどんな風に人を愛する人なのでしょうか?**

それを受け取ってみませんか?

そして、**もちろん、自分自身がどのような愛し方をする人なのかも、合わせて振り返ってみましょう。**

ちなみに私は母親譲りで愛情はストレートに言葉に出すタイプで、かつ、スキンシップも好きです。その一方で父親と似たところもあり、一歩離れたところで家族と接しながら仕事を頑張って経済的に家族に心配をかけないことで愛情を示そうとする傾向があります。

みなさんはいかがでしょうか?

「与える」という愛の行動に結びつける

「お察し上手」な人は、それだけで「人の気持ちをわかってあげられる」という価値を持っています。それは「与える」という、愛する行為の一つです。

「与える」というのは、「相手が喜ぶことをしてあげて、それが自分も嬉しいこと」という風に私は定義しています。ここでは見返りは求めません。

「あなたを喜ばせてあげたんだから、ちゃんと喜んでよ」と相手の態度を束縛することは「取引」と言って、与えることではありませんし、また、「相手が喜ぶことをしてあげたけど、私は嬉しくない」という行為は「犠牲」と呼び、やはり与えることとは違います。

「取引」も「犠牲」も、愛からの行動ではないのでしんどいし、疲れるし、モヤモヤした気分になってしまうものです。

与えるということは、行為そのものに幸せを感じられるものです。

「お察し上手」な人は、相手が何を求めているのかを知ることが上手にできますよね。だからこそ、つい頑張りすぎたり、犠牲になったりしてしまって疲れてしまいます。

そこで「自分軸」を確立したあなたは、行動を選択することができます。**自分の心の状態や、状況を見て、「与えるかどうか？」を選ぶことができるようになっています。**

「ああ、今、あの子は話を聞いてほしいんだな。でも、今は私もちょっと余裕がないし、今はゴメン！　この仕事が今日中に終わったら、時間つくってあげる」

「上司は今、手が回ってなくて誰かのサポートを必要としているんだな。今ちょっと余裕があるから、声をかけてみようか」

こんな風に、**相手の気持ちを察すると同時に、自分の状況を見て行動を選択することができます。**これってすごく気持ちが楽なことではありませんか？

「お察し上手」な人は与えることも上手です。まず、その価値を受け取ってくださいね。

後輩の話を聞いてあげている最中も、相手が心地いいように配慮することができますし、上司の仕事を手伝うときも、彼のプライドを傷つけない行動が自然とわかります。

だからこそ、「自分軸」であることが必須条件です。その上で「与える」という行動を意識してみると、肩の力が抜けた自然体の行動がとれるようになるのです。

今まで関わってくれた人たちに感謝を

「感謝する」もまた、愛する行為の一つです。

「ありがとう」と感謝することは、相手の気持ちを受け取ることになります。人は誰かの役に立ちたい、喜ばせたい、という欲求を潜在的に持っているので、「ありがとう！」と受け取ってくれる人は慕われ、自然と人から求められる人材になっていきます。

さて、この「受け取るワーク」を実践してみることにしましょう。

あなたが今まで関わってきた人たちをまずは思い浮かべます。

そして、ピンときた人に**「感謝の手紙」を書いてみる**のです。

仕事を教えてくれた先輩、一緒にプロジェクトを頑張った仲間たち、前職でお世話になった上司、学生時代の恩師、いつも話を聞いてくれる友だち、自分を愛してくれるパートナーや家族、習い事の先生……誰でも構いません。

もちろん、旅先で道に迷って困っているときに助けてくれた見ず知らずの人や、会ったことはないけれどつらかったときに支えになってくれたアーティスト、読むといつも励みになった本の著者などでも構いません。

できれば**ちょっと質のいい便箋《びんせん》を用意して、その人宛てに感謝の手紙を書く**のです。

一人ずつ思いつく人に順々に感謝状をしたためていくと、不思議と心が温かくなり、自分がいかに愛されてきたのか、恵まれているのか、そして、助けられてきたのかを実感することができます。

同じ人に何通書いてもいいですし、ポストに出さなくてもいいです。

あまり負担にならないように1日1人と決めて書いていくと、お休みする日も入れれば、おそらく1～2か月は誰かに感謝の手紙を書く期間になります。

手紙の長さもまったく自由です。数行で終わる場合もあれば、便箋何枚にもわたることもあるでしょう。

誰かに感謝の思いを伝えることは、愛とつながる行為に他なりません。

かつて嫌な思いをして別れた元パートナーにも、色々な軋轢《あつれき》がある親御さんに対しても、感謝することで、そのネガティブな感情を手放すことができるようになります。

また、感謝の手紙を書きはじめると、書きたい相手が次々と浮かび上がってくるものです。そのたびに自分がいかに多くの人に支えられてきたのかが実感できて、それだけで幸せな気持ちになっていくのです。

ある男性は、**毎日1人ずつ、住所がわかる人には実際郵送し、メールアドレスがわかる人は、感謝の手紙をスマホのカメラで撮って送る、ということを続けました。**

次から次へと感謝したい人が浮かび、そのたびに手紙をしたためていると、どんどん心が軽く、温かく、幸せを感じられると同時に、彼は手紙を送った人たちから、幸せな返事をもらえたのです。感謝を贈ったら、それ以上の感謝が返ってきたのです。

予想すらしていなかったことなのでとても嬉しく、その1通1通を大切に（メールなら印刷して）、ファイリングして宝物にしているそうです。

その結果、奥さんとの関係が以前よりもかなり良くなり、それまで停滞気味だったビジネスが順調に動きはじめただけでなく、新たなチャレンジをする勇気まで自然と湧いて出たと言います。

そして、何より人間関係全般が改善され、会いたかった人に会えたり、今までだったら知り合えなかった素晴らしい人とも友人になることができたそうです。

それ以来、彼は仕事で出会った人に感謝の手紙を書くことにしているそうです。その相手にすごく喜ばれるのはもちろん、その後のビジネスがとても円滑に進むようで、本当にその効果に喜んでいました。

もちろん、こうした現実的な変化が訪れることもありますが、それ以上に内面的な豊かさや喜び、幸福感に出会える方法だと思っています。

実は私もかつてこのワークに取り組んだことがあり、いかに自分が人から愛されてきたかを思い知って幸せを実感していました。

周りからは表情がすごく良くなったと言われたことを今でも覚えています（今でも時々、感謝の気持ちを伝えたり、メールやハガキを書いたりすることがあります）。

私たちは意識しようとしまいと、本当は人から愛されて今を生きているのです。

この実習はその〝事実〟をまざまざと見せつけてくれるものだと思います。時間をつくり、ぜひ、取り組んでみて、その効果を実感してみてくださいね。

「ありがとう」という言葉には最大のヒーリング効果があると私は思っています。

「お察し力」は、どれだけ人を喜ばせてきたか？

人の気持ちを察して先回りして行動したり、場の空気を読んで発言を控えたり、周りの人の気持ちを考えて嫌なことを我慢してやってきたり、その行為は時に犠牲になることも多く疲れてしまうもの。

ですが、その一方で、**そうしたあなたの行動に助けられた人、喜んでくれた人はきっといるはずです。**

察する能力は長所だと思っています。長所というのは、それを与えることで誰かを喜ばせ、幸せにすることができるものです。ここでは、「あなたの察する能力はどのように人を助け、喜ばせてきたか」に注目してみたいと思います。

その前提として、「人は目に見えている態度がすべてではない」という、ある意味当たり前の心理を紹介しておきたいと思います。

あなたが人の気持ちを察して行動したときに、本当はありがたく思ったのだけどシャイな性格が災いして、ぶっきらぼうな態度をとってしまった人がいるのではないでしょうか？

また、そのときに本当は嬉しかったのだけど、周りの人の目を気にして何も言えなかった人がいることは想像できるでしょうか？

そのときは目の前のことに必死で余裕がなく、後々あなたに感謝している人がいることもまた事実ではないかと思います。

第1章で紹介した事例はネガティブな側面ばかりが強調されているのですが、YRさんの周りの人も、MYさんの同僚の方々も、KKさんの上司も、本当は感謝の気持ちを持っているにもかかわらず、それを表現できない（あるいは、表現するタイミングを失った）だけなのかもしれません。

そういう風に私が捉える理由には、カウンセラーとしてのこんな体験が影響しています。

あるとき、母親との関係に悩んだ女性がセッションにいらっしゃいました。

彼女の母親はとても心配症で彼女の行動にあれこれと口出しをし、時には彼女を侮辱したり、否定したりする言動を繰り返してきました。それで思春期に衝突をし、高校を卒業するとすぐに彼女は一人暮らしをはじめました。

セッションを進めていくと、だんだんお母さんがそんな態度をとった理由が理解できるようになり、徐々に彼女のお母さんに対する怒りや恨みの感情は収まっていきました。

しかし、まったく愛情や感謝を示してくれなかった母親に対する気持ちから、「母親もカウンセリングを受けるべきだ」と思い付き、あるとき、半ば強引にお母さんをカウンセリングルームに連れてこられたのです。

そこで、私はお母さんと1対1でゆっくりお話を伺うことにしました。はじめは戸惑っていたお母さんも徐々に心を開いてくださり、このような話をしてくださったのです。

「私は良い母親ではないとずっと自分を責めています。あの子には本当に申し訳ないことをしました。夫との関係がもともとあまりうまくいっておらず、また、私は出身が別の地域で、近所に友だち一人おらず、ずっと孤独でした。それで、気持ちの持って行き場がなく、娘につらく当たったりしたこともたくさんありました。

そのたびに申し訳ない気持ちでいっぱいになりますが、そのときの私は娘に謝ることもできませんでした。それでもあの子は明るく、元気にいつも私を励ましてくれました。

あの子には弟がいるのですが、体が弱かったものですから私はそちらに手がかかりっきりで、娘にはとても寂しい思いをさせたと思います。そんなときもあの子は私をよく手伝ってくれましたし、本当に助かったのです。

しかし、**余裕がなかったせいか、私も未熟だったせいか、娘には感謝の気持ちを伝えることはありませんでした。**言おう言おうとはずっと思っていたのですが、その勇気が出ないままに、あの子は思春期になり、私に反抗するようになりました。

それも私のせいだと思いましたが、私も素直になれませんでしたから、さらにあの子にはつらく当たってしまったのです。本当にこんな母親で申し訳ないと思っています」

最後は涙ながらに懺悔《ざんげ》するように言葉を紡いでくださいました。

それを聞いて、お母さんに私は「今からでも遅くないんじゃないでしょうか？　娘さんはお母さんのことを助けたいからカウンセリングに連れてこられたのだと思います。ぜひ、その気持ちを娘さんに伝えてあげませんか？」と提案したのです。

しかし、お母さんは首を振り、「今さら私がそのようなことを言っても娘は信じてくれないでしょう。それだけひどいことをした母親ですから恨まれても仕方がありません」とおっしゃったのです。

私は「それならば、**この紙にそのお気持ちを書いてくださいませんか？**　この後、娘さんとお会いしますから、私が伝書鳩になってお渡しいたします」と伝えました。

それなら、と彼女はその後、時間をかけて娘さんへの思いを書き綴ってくださったのです。それはほとんどが娘さんへの謝罪の言葉で埋め尽くされていましたので、私は「できれば感謝の言葉も入れてあげてください」とお願いしたほどでした。

そして、私は娘さんにそのコピー用紙に書かれた手紙を読んでいただきました。はじめは「嘘だ。お母さんは嘘をついている。こんなことを思っているわけがない」と抵抗していましたが、何度も読み返すうちに彼女の目にも大粒の涙が浮かんでいました。

彼女は一生懸命お母さんを助けてきました。弟の治療や面倒で大変なことを察していい子にしてきました。

しかし、一度も感謝されたことも褒められたこともないので、それを恨むようになっていたのです。ただ、それは真実ではありませんでした。お母さんは本当は彼女に感謝し、また、愛情をかけてやれなかったことに罪の意識を強く持っていたのです。

お母さんの手紙の最後には「○○（彼女の名前）がこんな私の娘に生まれてきてくれて、本当に感謝しています。ありがとう」という言葉が綴られていました。

その言葉を何度も読み返し、「根本さん、お母さんは本当にこう思っていると思います？」と聞かれました。

私が「嘘はついていらっしゃらないと思いますよ」と答えると、彼女は黙って頷き、「信じてみたいと思います。お母さんを連れて来て本当によかったと思います。お母さんが楽になればいいと思っていたのですが、むしろ、私のほうが助けられました。ありがとうございました」と言い、カウンセリングルームを後にされました。

私たちにとって目に見えるものだけがすべてではありません。あなたが今まで手を差し伸べ、気を遣い、我慢することで助けられた人、喜んでくれた人、幸せを感じた人はきっといます。

さあ、それは誰でしょうか？　そして、もし、彼らがあなたに感謝しているとしたら、あなたはどのような気持ちになるでしょうか？

自分の行動を「愛」から見つめる

「人が好きだから、人の気持ちを察してしまうんだ」という気付きにより、心の深いところにある「愛」とつながることができます。そこから不思議と安心したり、嬉しくなったり、感動したりすることができます。

愛というと、ちょっとクサかったり、宗教っぽい感じがしたりするかもしれませんが、とっても大切なもので、私たち全員に備わっているものです。

そして、**愛はやはり素晴らしい力を持っていて、愛とつながっているときはネガティブな感情を感じることはできなくなります。**

パートナーシップや子育てなどのカウンセリングの際も、「自分の愛に自信を持ちましょう」という提案をよくするのですが、自分が愛しているからこういう思いを持つんだ！　という気付きは、即座に「自分軸」に戻ることができる魔法のような効果があるのです。

とはいえ、「じゃあ、どうやって愛とつながるんだ？」と思われるはず。愛というのはとても抽象的で、その存在に気付きにくいもの。

先ほど紹介した「人が好きだから、人の気持ちを察してしまうんだ」という気付きの他にも愛とつながる方法はたくさんあります。

そこで、あなたの人の気持ちを察したり、場の空気を読んだりする行動を、愛があることを前提に見つめ直してみましょう。最後に、第1章で紹介したみなさんの行動を「愛」という視点から見つめ直してみたいと思います。

＊＊＊＊＊

YRさんは「仕事を丸投げのような形で任され、求められる仕事を期待に応えるべく頑張った。しかし、仕事の難しさや忙しい状況を上司に言わずに抱え込んでしまった」という体験をしました。

丸投げされるというのも「信頼されてる証拠」ですね。信頼とは愛の表現の一つです。

そして、その期待に応えようと頑張ったのは、その仕事、上司、会社に対するYRさんの愛からの行動として解釈することができます。

その仕事を、また、仕事仲間に対して愛があるから、それだけ頑張ることができたのではないでしょうか。

MYさんの「社内システムが新しく導入されることになり、各部署から一人代表者が説明を受けに行くことになった。私はパソコンが苦手なのだが、周りは子どものお迎えがある人たちで、私がやらなくちゃいけないような気がしていたところ、リーダーから『行く?』と聞かれ、引き受けてしまった」わけですが、この行動からMYさんの、同僚たちへの愛を見ることは簡単ですよね。

彼女たちを助けるために、楽にしてあげたいがために、苦手なパソコンの説明会に参加することを決意されたのですから。

KKさんは「とあるトラブルが発生した。わからないことだらけだったし、一部は自分のミスでもあったため、なんとか頑張って関係者の間を取り持ったり、調べたりして、誠心誠意対応していた」のですが、この行動は自分のミスを取り戻すためだけに頑張ったことでしょうか？

頑張って関係者の間を取り持ったり、誠心誠意対応したりしていたＫＫさんの行動にはたくさんの愛が溢れていると思いませんか？

ＯＮさん（男性）はお母さんの言いつけを守って休暇を年に2日しか取らなかったわけですが、そこにはＯＮさんのお母さんへの愛が見て取れます。

私たちは嫌いな人、憎んでいる人の言うことなんて聞きません。大好きな人、愛している人の言葉から、それが自分にとって苦しいことであっても、その言いつけを守ろうとするのです。

ＩＳさんは「私は私で家業の手伝いを頑張っているのにそれは評価されず、姉や母のしわ寄せがくる」という状態にいらっしゃるわけですが、自分なりに家業を頑張っているのは、家族への愛からですよね。

そこに愛がなければ、しわ寄せがきて、理不尽なことを言われたりしたら、と

ても耐えられません。とっくに逃げ出していたでしょう。

YKさんは5年間も職場を良くしようと様々なアイデアを提案し続けました。5年もですよ！　**そこにYKさんの愛がなかったならば、とても説明はできません。**

職場への愛、同僚への愛があったからこそ、できたことではないでしょうか？

さて、AYさんは「上司はA先輩を怒り、A先輩は私をかばってくれたのだけど、私はとても申し訳ないことをしてしまった。頑張らなきゃいけないのに私が頑張ると迷惑をかけてしまう」という思いをされてます。

確かに間違ったかもしれませんが、そもそもそれはA先輩を気遣ってのことですよね？

A先輩のために頑張ったAYさんの行動は愛からのものと断定できるのではないでしょうか。それだけ頑張りたい気持ちを持つのも、AYさんが愛を豊かに持っている証と私には見えるのです。

HTさんは「『あえて、面倒になることを先読みして、察しないでいたこと、察して！』と上司に思ったし、先輩には『こうなることがわかっていたから、空気を読まなかったことを察してよ！』と思った」というくらい、空気を読んで行動されています。

どれくらい人に対する愛が深いか、理解できるでしょうか？

そもそも空気を読んで行動すること自体が愛からのものとして解釈できるわけですが、それくらい先輩のことを理解しているのも、先輩への愛がなせる業として見ることができませんか。

ONさん（男性）の「夫婦関係を良くしようと奔走していたとき、妻が使っていたシャンプーがなくなりそうになっていた。調べてみると百貨店で売っているシャンプーらしいので、忙しい中、時間をつくって買いに行った」という行動は、奥さんへの愛そのものですね。

結果的には報われなかったのですが、夫婦関係を良くしようと思っていたり、

奥さんのシャンプーを忙しい中、買いに行ったりという行動は奥さんへの深い愛情がなければできないことだと思います。

ＮＹさんは「共働きで私の社宅に住み、私のほうが給料が多かった。家事は一切私任せ。夫は朝ご飯ができたころ起きてきて食べるだけ。夜も夕飯のころ帰ってはのんびり。私は片付けして、洗濯して、仕事の準備もして……という毎日」を送られていました。

共働きで家事もちゃんとするのはとてもしんどいことには違いありません。

でも、なぜそんなことができたのか？

人はおそれや義務感などのネガティブな動機だけでそれだけのことを続けられないものです。ご主人への深い愛があるからこそ、できたことではないでしょうか？

ＦＲさんの「母が疲れている様子だったので、『楽になるといいな』と家事を手伝ったら、その仕上がりが母のルールややり方とは違っていたため、ダメ出しをくらった」という行動はまさに愛そのものですね。

お母さんへの愛があるからこそ、お母さんを楽にしてあげたいと思うんです。素晴らしい愛の持ち主だと思います。

またSKさんの「とても仕事が忙しい彼なので、週末は疲れているのかなと思って『今週は無理に会わなくてもいいよ』ってラインで伝えた」という行動にも、彼への愛が感じられますよね。

彼のことを愛しているから、気遣い、会いたい気持ちを我慢することもできたのです。結果的に空回りしてしまうのですが、そこに愛があることは疑いようもないことです。

ITさんがフラメンコの先生に「『それなら、(スペイン語が堪能な)Aちゃんにも聴いてもらったらいかがでしょう?』と提案」した行動にも、愛でもって説明が可能なことはすぐにわかりますね。

おそらく気難しい先生なのかもしれませんが、ちゃんと先生のことを尊敬し、慕っているからこそ、力になりたいと思ったのでしょう。それは愛からの行動ですよね。

＊＊＊＊＊

私たちはよく「結果」で自分を評価してしまいます。

また、周りからもそれで判断されてしまうことも多いでしょう。

そうすると、その動機となった「愛」については否定されたり、価値を見られなかったりするのですが、それはもったいないことだと思うのです。

私は長年カウンセリングをする中で、人の行動の背景には必ず愛がある、という見方をするようになりました。

もちろん、「嫌われたくない」「誤解されたくない」「迷惑をかけたくない」といったおそれや罪悪感も行動をつくるわけですが、そうしたネガティブな感情とは別に愛もあるのです。

ただ、なかなかこの愛には気付きにくいものです。

だから、「自分のこの行動の裏には、どんな愛があるのだろうか？」という前提で見つめないとわからないものなんですよね。

人の気持ちを察しようとする、あなたの行動はすでに素晴らしい愛からの行為なのです。だから、察することが上手な人は、そのまま「愛の人」と定義してもいいくらいです。そのことに気付き、自分の愛に自信を持つことで、あなたはそのままで幸せを感じられるようになるのです。

「お察し上手」な人は、愛の人。素晴らしい愛を持った、癒やし人なのです。

本作品は小社より二〇一八年一二月に刊行されました。

根本裕幸（ねもと・ひろゆき）
心理カウンセラー。1972年生まれ。1997年より神戸メンタルサービス代表・平準司氏に師事。2000年、プロカウンセラーとしてデビュー。2003年から年間100本以上の講座やセミナーをこなす。2015年3月独立。フリーのカウンセラー／講師／作家として活動を始める。現在は東京・大阪・オンラインを中心にセミナーやセッションを行っている。個人向けセッション、各セミナーはキャンセル待ちが続く。
「どんな状況でも安心、希望、笑顔を与えられる存在でありたい」という思いから、論理的ながら軽妙な語り口で、いつも笑いを絶やさない。
『今日こそ自分を甘やかす』（大和書房）、『つい他人と比べてしまうあなたが嫉妬心とうまく付き合う本』（学研プラス）をはじめ、ベストセラー多数。

だいわ文庫

人《ひと》のために頑張《がんば》りすぎて疲《つか》れた時《とき》に読《よ》む本《ほん》

著者　根本裕幸《ねもとひろゆき》

二〇二三年二月一五日第一刷発行

発行者　佐藤 靖
発行所　大和書房《だいわしょぼう》
東京都文京区関口一－三三－四 〒一一二－〇〇一四
電話 〇三－三二〇三－四五一一
フォーマットデザイン　鈴木成一デザイン室
本文デザイン　金井久幸（TwoThree）
本文印刷　光邦
カバー印刷　山一印刷
製本　小泉製本

ISBN978-4-479-32045-6
乱丁本・落丁本はお取り替えいたします。
http://www.daiwashobo.co.jp